골프 티칭 & 임팩트와 구질

원골프 매뉴얼 ⑤
골프 티칭 & 임팩트와 구질

지은이 이근택 외
펴낸이 양동현
펴낸곳 골프아카데미
　　　　 출판등록 제307-2012-7호
　　　　 136-034, 서울 성북구 동소문로 13가길 27번지
　　　　 전화 02-927-2345　팩스 02-927-3199

초판 1쇄 발행 2012년 3월 10일
초판 2쇄 발행 2013년 7월 5일

ISBN 978-89-968266-7-5 13690

ⓒ 이근택, 2012

이 책은 신저작권법에 의해 보호받는 저작물이므로
무단으로 전재하거나 복제할 수 없습니다.

* 잘못 만들어진 책은 구입한 곳에서 바꾸어 드립니다.

www.iacademybook.com

골프 티칭 &
임팩트와 구질

이근택 외 공저

머리말

때와 장소를 불문하고, 자신을 볼 수 있는 거울이나 엘리베이터 앞에 서게 되면 언제부터인가 우리는 무의식적으로 골프 스윙 동작을 하게 된다.
이제 골프는 여가 스포츠로 발전하며, 놀이 문화의 새로운 아이콘으로서, 더 이상 특정한 사람들만의 것이 아닌, 남녀노소 누구나 이용할 수 있는 대중 스포츠가 되었다.
필자는 지난 10여 년 간 약 2,000명이 넘는 많은 사람들을 연습장에서 만나면서 하루 먼저 골프에 입문한 사람이 레슨하는 진풍경을 많이 볼 수 있었다. 그만큼 골프는 배우는 사람보다 가르쳐 주려는 사람이 많은 운동이 되어 버렸다.

이 책에는 다른 레슨 서적에서 접할 수 없는 내용들이 담겨 있다. 단지 골프의 기술적인 면만이 아닌 지도자로서 갖추어야 할 바람직한 마음 자세, 레슨 시 보다 쉽고 재미있고 정확하게 전달할 수 있게끔 모든 역할을 체계적으로 정립한 티칭 매뉴얼 그리고 골프 레슨에서 가장 핵심이라 할 수 있는 임팩트 및 구질에 관한 내용이 수록되어 있다.
그 어떠한 운동보다도 어렵다고 인식되어 있는 골프를 잘 가르치기 위해서는 항상 연구하고 공부하고 개발하여 보다 쉽고 재미있고 정확하게 가르쳐야 한다는 사명감을 갖는 프로가 되어야 한다. 그러기 위해서는 골프 지도자가 먼저 골프의 근본 원리와 과학적 요소를 충분히 이해해야만 골프를 배우려는 사람들이 골프를 친근하게 느낄 수 있게 도울 수 있다.

이 책은 골프 티칭에 관한 다양한 지침 및 교습법, 레슨의 종류와 방법 그리고 골퍼의 능력의 정도를 위한 측정, 스윙의 타법, 비거리, 임팩트 그리고 구질 등의 다양한 레슨 방법을 보여 주고 있다. 따라서 골프 티칭에서 꼭 필요하고, 지도자라면 꼭 간직해야 할 레슨 교습서이다.

골프를 잘하기 위해서는 일관되고 올바른 스윙을 해야 한다는 사실은 누구나 의심치 않는다. 가끔 TV를 보면 스윙 동작은 약간 어설프다 싶은데도 비거리와 방향성이 좋은 결과를 얻는 아마추어 골퍼들을 많이 볼 수 있는데 이는 공을 때리는 순간만큼은 정확했다고 말할 수 있다. 그래서

PREFACE

골프 스윙의 동작들은 정확한 임팩트로 인한 올바른 구질을 위해 존재한다 해도 과언이 아니다. 결국 스윙의 모든 자세들은 임팩트를 위해 존재하는 것이고, 좋은 임팩트를 위해 교정이 필요하다는 것을 인식해야 한다.

과연 손맛이 짝짝 나는 임팩트가 제대로 되는 아마 골퍼가 몇이나 있을까?

"내가 친 볼의 구질은 바로 나의 선생님이다."라는 말이 있다. 이 말은, 자신의 구질은 자신의 스윙으로 만들어 낸 것이므로, 그 구질을 정확히 파악하면 꼭 필요한 스윙의 자세를 교정할 수 있게 된다는 의미다.

이 책은 골프에 대한 열정을 가진 여러 대학 골프 교수진들과 실전에서 티칭 경험이 풍부한 국내 최고의 티칭 프로들로 이루어진 13명의 저자들이 6년이란 시간을 열정적으로 토론하며 심혈을 기울여 만든 책이다. 이 책을 통해 골프라는 스포츠에 쉽게 입문하여 평생을 즐길 수 있는 골퍼가 되길 바란다.

출판을 위해 장소를 제공해 주신 여러 골프장 대표님들과, 함께해 준 모델 여러분들께 진심으로 감사드린다. 또한 항상 골프에 열중할 수 있도록 물심양면으로 든든한 지원자가 되어 준 사랑하는 가족에게 진심으로 감사의 마음을 담는다.

― 저자

차례

머리말 4

제1부 쉽고 재미 있는 골프 티칭

1 골프 지도자의 개념 10
   1. 골프 지도자의 3대 요소 10
   2. 골프 지도자의 역할 10

2 골프를 쉽게 배우고 가르치는 요소 13
   1. 골프가 어려운 이유 13
   2. 골프를 쉽게 배우는 4대 요소 15
   3. 골프를 쉽게 가르치는 요소들 15
   4. 효과적인 연습 방법 19

3 원골프 레슨 매뉴얼 22
   1. 원골프 레슨 매뉴얼은? 22
   2. 골프 레슨의 종류 24
   3. 레슨 과정 4단계 27
   4. 실내 연습장과 드라이빙 레인지 28
   5. 실내 연습장에서 많은 회원들의 동시 레슨법 29
   6. 주 2~3일 레슨 기법의 장점 29
   7. 레슨 요점 30

4 원골프 오리엔테이션의 순서 35
   1. 신상 명세 작성 및 레슨 서약 35
   2. 레슨 일지 기록 36
   3. 출석부 기록 37
   4. 첫 측정 38

5 첫레슨 66
   1. 첫레슨 66
   2. 첫레슨 시작하기 : 분석 - 전달 - 이해 69
   3. 두 번째 레슨(숙달 과정) 76

제2부 임팩트와 구질 교정

임팩트의 중요성 · 86

1 잘못된 임팩트의 위치와 자세 전도 · · · · · · · · · · · · · · · · · · · 88
1. 임팩트와 거리 손실 · 89
2. 드라이버 페이스 위쪽 임팩트에 대한 자세 교정 전도 · · · · · · · · 90
3. 페이스 안쪽 임팩트에 대한 자세 교정 전도 · · · · · · · · · · · · · · 94
4. 페이스 바깥쪽 임팩트에 대한 자세 교정 전도 · · · · · · · · · · · · 96
5. 페이스 아래쪽 임팩트에 대한 자세 교정 전도 · · · · · · · · · · · · 97
6. 뒤땅 후 임팩트에 대한 자세 교정 전도 · · · · · · · · · · · · · · · · · 99
7. 페이스의 스윗 스폿 임팩트의 자세 교정 전도 · · · · · · · · · · · 101

2 페이스 위쪽에 임팩트되고 일관성 없는 구질의 교정 · · · · · 103
1. 드라이버 티샷에서 임팩트와 구질이 나빠지는 그 원인 · · · · · 103
2. 드라이버 티샷의 적절한 쓸어 치는 스윙 · · · · · · · · · · · · · · · 104
3. 페이스 위에 임팩트되거나 방향의 일관성이 없는 원인 교정 · · 105

3 임팩트와 구질 교정 · 151
1. 어드레스 시 잘못 놓인 볼 위치의 교정(아이언) · · · · · · · · · · 151
2. 잘못된 척추 각의 어드레스 교정 · 152
3. 체중 위치가 잘못된 어드레스의 교정 · · · · · · · · · · · · · · · · · 155
4. 스탠스 폭이 잘못된 어드레스의 교정 · · · · · · · · · · · · · · · · · 157
5. 잘못 잡은 그립의 교정 · 160
6. 잘못된 어깨 방향의 어드레스 교정 · · · · · · · · · · · · · · · · · · · 163
7. 잘못된 스탠스 방향의 어드레스 교정 · · · · · · · · · · · · · · · · · 165
8. 잘못된 척추와 손목의 어드레스의 교정(백) · · · · · · · · · · · · 167
9. 잘못된 몸과 손의 간격의 어드레스의 교정 · · · · · · · · · · · · · 168
10. 어깨 턴이 작은 톱의 교정 · 169
11. 손목 코킹이 작은 톱의 교정 · 172
12. 허리가 스웨이된 톱의 교정 · 182

13. 업라이트한 톱의 교정 · 186
14. 플랫한 톱의 교정 · 189
15. 클럽 샤프트가 왼쪽을 향한 톱의 교정 · 196
16. 클럽 샤프트가 오른쪽을 향한 톱의 교정 · · · · · · · · · · · · · · · · · 198
17. 머리가 타깃으로 나가는 다운의 전환 교정 · · · · · · · · · · · · · · · · 202
18. 다운 시 체중 이동이 안 되는 교정 · 204
19. 왼쪽 팔꿈치가 구부러지고 손목 턴이 느린 팔로우 교정 · · · 216

1 골프 지도자의 개념

1. 골프 지도자의 3대 요소

골프가 다른 운동에 비해 유난히 지도자의 자질에 의해 실력이 좌우되는 이유는 그만큼 어렵고 민감하다는 뜻이다. 레슨에 관한 한 프로페셔널(professional)이 되려면 다음의 3가지 요건이 필요하다.
① 탁월한 교습법
② 성실한 자세
③ 확실한 책임감

아무리 오래 배워도 실력이 향상되지 않고 힘만 든다면 지도자의 레슨 능력이 부족한 것이다. 어려운 골프를 레슨하려면 교육생보다 수백 배 이상 골프의 이론과 실기 능력이 있어야 쉽고 재미있게 가르칠 수 있다. 초보자들이 골프를 쉽게 배울 수 있는가 아닌가는 어디까지나 지도자의 능력에 달려 있으므로, 골프 지도자는 '프로페셔널(professional)'로서의 사명감을 가지고 레슨에 임해야 한다. '프로페셔널'은 돈을 받는 만큼 레슨하는 자가 아니라 레슨 능력만큼 돈을 받는 전문가를 뜻한다.

2. 골프 지도자의 역할

골퍼가 운동을 하는 데 관련된 지식이나 체력, 기술, 전술 및 전략을 효과적으로 습득하도록 하고 골프에 대한 정신과 예의를 올바로 심어 주어 진정한 골프의 참맛을 느끼게 해 주는 역할을 담당한다.

골프 지도자는 레슨에 열정적인 사람이어야 한다.

① 골프 지도자는 레슨을 즐기는 사람이어야 한다.
② 레슨을 즐기려면 사람을 좋아하고, 레슨이 쉬워야 한다.
③ 사람을 좋아하려면 마음을 열어야 하고 레슨이 쉬워지려면 연구해야 한다.
④ 마음을 열려면 진실해야 하고 항상 연구하려면 시간을 투자해야 한다.
⑤ 마음을 진실하게 갖고 시간을 쏟으려면 자신의 모든 것을 걸어야 한다.

1) 좋은 골프 지도자의 전형

다른 운동에 비해 골프는 지도자의 자질에 의해 크게 좌우되는데 그것은 골프가 그만큼 어렵고 민감하다는 뜻이다.

다음과 같은 요건을 갖추었다면 틀림없이 좋은 지도자가 될 것이다.

나는 과연 좋은 지도자의 요건을 몇 가지나 갖추고 있을까? 하나씩 확인해 보고 좋은 프로 골퍼가 되기 위해 노력해 보자.

좋은 골프 지도자의 전형

- ☐ 항상 연구하는 지도자
- ☐ 시간을 잘 지키는 지도자
- ☐ 항상 웃는 지도자
- ☐ 교육생들에게 관심을 갖는 지도자
- ☐ 눈높이를 맞추어 가르치는 지도자
- ☐ 교육생의 장점을 칭찬해 주는 지도자
- ☐ 교육생에게 예의를 갖추는 지도자
- ☐ 레슨비 이외의 것을 요구하지 않는 지도자
- ☐ 교육생들의 접대를 정중히 거절하는 지도자
- ☐ 교육생들에게 사적인 것을 추천하지 않는 지도자
- ☐ 교육생과 불미스런 일을 만들지 않는 지도자
- ☐ 교육생을 자기의 얼굴로 생각하는 지도자
- ☐ 교육생에게 진솔한 모습을 보여 주는 지도자
- ☐ 한 달에 3~4가지만 집중적으로 가르치는 지도자
- ☐ 전달, 이해, 숙달을 잘 시키는 지도자
- ☐ 효율적인 레슨 장비를 이용하는 지도자
- ☐ 레슨 일지를 기록하는 지도자
- ☐ 타 교육생에게도 친절한 지도자
- ☐ 다른 프로 골퍼들을 험담하지 않는 지도자
- ☐ 티칭 프로 정신을 버리지 않는 지도자
- ☐ 항상 반성하는 지도자
- ☐ 자부심을 갖는 지도자
- ☐ 가르치는 보람을 느끼는 지도자
- ☐ 항상 단정함을 유지하는 지도자

2) 좋지 않은 골프 지도자의 전형

아무리 오래 배워도 레슨의 기본이 잘못되면 실력 향상은커녕 점점 더 힘만 들고, 아예 골프에 흥미를 잃어버릴 수도 있다. 그것은 교육생의 실력이 없기 때문이 아니라 지도자가 제대로 가르치지 못하기 때문이다. 지금 귀하는 어떤 지도자인지 냉정하게 체크해 보자.

좋지 않은 지도자의 전형

- ☐ 하나의 정석으로 모든 교육생을 가르치는 지도자
- ☐ 시간만 때우려는 지도자
- ☐ 남이 하는 대로 따라 가르치는 지도자
- ☐ 책에 나온 스윙 순서대로만 가르치는 지도자
- ☐ 몸으로 보여 주고 그대로 따라하라는 지도자
- ☐ 감으로만 가르치는 지도자
- ☐ 어렵게 가르치는 지도자
- ☐ 레슨비 이외의 것을 바라는 지도자
- ☐ 교육생을 답답해 하는 지도자
- ☐ 교육생 탓을 하는 지도자
- ☐ 교육생과 불미스런 일을 만드는 지도자
- ☐ 교육생을 자신의 얼굴이라고 생각하지 않는 지도자
- ☐ 필요 없는 말을 지나치게 많이 하는 지도자
- ☐ 한 달 동안 지나치게 많은 것을 가르치는 지도자
- ☐ 레슨이 끝나면 금방 무너지게 하는 지도자
- ☐ 확실치 않은 이론을 가르치는 지도자
- ☐ 레슨 일지를 적지 않는 지도자
- ☐ 대인관계가 원만하지 않은 지도자
- ☐ 레슨이 공평치 않은 지도자
- ☐ 학생들에게 휘둘리는 지도자
- ☐ 재미없게 가르치는 지도자
- ☐ 연습장을 자기 것처럼 생각하지 않는 지도자
- ☐ 자신의 나쁜 스윙을 전수하는 지도자
- ☐ 용모를 관리하지 않는 지도자

3) 골프 지도자의 준수 사항

지도자는 지도자다워야 하고 교육생은 레슨을 잘 받아야 하는 권리를 가지고 있다. 지도자의 준수 사항은 다음과 같다.

1. 나는 항상 연구한다.
2. 나는 항상 교육생들에게 관심을 갖는다.
3. 나는 항상 자신을 가꾼다.
4. 나는 항상 웃는다.
5. 나는 항상 시간을 엄수한다.
6. 나는 회원에 대한 예의를 갖춘다.
7. 나는 회원의 접대를 정중하게 거절한다.
8. 나는 회원에게 사적인 것을 추천하지 않는다.
9. 나는 회원과 불미스런 일을 만들지 않는다.
10. 나는 골프 지도자 정신을 항상 기억한다.

2 골프를 쉽게 배우고 가르치는 요소

1. 골프가 어려운 이유

(1) 기구를 사용하는 운동이다
기구를 사용하지 않고 하는 운동보다 기구를 사용하는 운동이 더 어렵다. 그래서 기구를 사용하지 않은 운동들은 어려움을 더하고 운동 재미를 높이기 위해 팀을 이루게 된다.
*기구를 사용하지 않는 운동 : 축구, 배구, 농구, 핸드볼, 럭비 등(팀 운동)
*기구를 사용하는 운동 : 테니스, 배드민턴, 탁구, 당구, 골프 등(단식 또는 복식)

(2) 사용하는 기구 수가 많다
사용하는 기구가 많은 운동일수록 그 장비에 필요한 기술적인 요소가 추가되므로 더욱 어려워진다.
*기구 1개 사용 : 테니스, 배드민턴, 탁구, 당구, 야구 등
*기구 14개 사용 : 골프

골프 클럽 세트

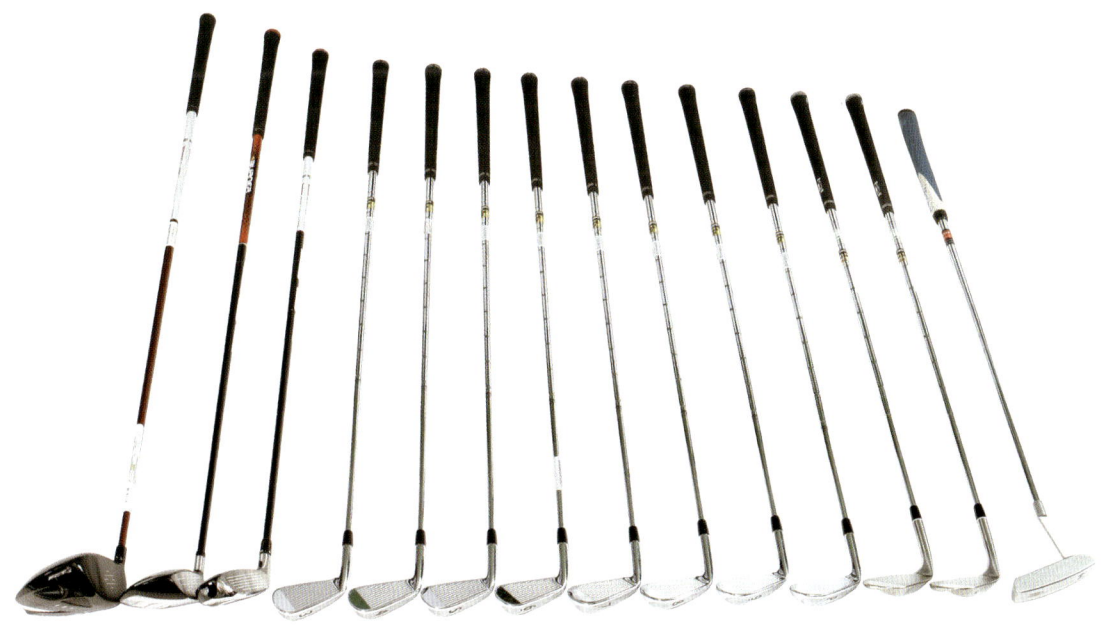

(3) 경기장의 규모가 크다
경기장의 규모가 클수록 지형의 장애물, 다양성에 의해 운동의 어려움은 더 커진다.
- 탁구, 당구, 테니스, 배드민턴, 농구, 배구 등의 경기장은 1~100평 이하 규모
- 골프장은 평균 20~30만 평 규모

(4) 경기장이 다르다
일반 운동은 경기장이 규격화되어 있지만 골프는 골프장 각 홀의 크기, 모양, 바닥의 경사, 장애물 등 환경 조건이 같은 곳이 단 한 곳도 없다.
- 일반 운동은 바닥이 평편하고 크기와 규격이 정해져 있다.
- 골프장은 모양이나 경사, 크기나 바닥이 모두 다 다르다. 세계적으로 골프장은 단 한 곳도 같은 곳이 없으므로 더욱 어려워진다.

(5) 날씨의 영향을 받는다
테니스, 탁구, 배드민턴 등은 실내 경기장에서 하고, 축구나 야구는 실외에서 하지만 관중석으로 둘러싸여 있어 바람이나 추위, 더위, 비, 안개, 햇빛의 영향을 적게 받는다. 하지만 골프는 들판, 산 등에 만들어져 있고 약 30만 평 이상의 크기가 되므로 날씨의 영향을 직접적으로 받아 어려움이 더욱 커진다. 이 밖에도 **볼이 작고, 홀이 작으며, 사용하는 기구의 크기가 작아 난이도가 높다.**

(6) 지도자의 능력이 큰 영향을 미친다
골프는 다른 운동에 비해 수백 배 이상 어려운 만큼 골프 지도자는 아마 골퍼보다 수백 배 이상 이론과 실기 능력이 있어야 쉽고 재미있게 가르칠 수 있다. 골프 지도자의 역할과 능력은 다른 운동에 비해 아마 골퍼에 끼치는 영향이 매우 크므로 골프 지도자는 티칭의 사명감을 확실히 가지고 레슨에 임해야 한다. 따라서 골프에 대한 열정을 가지고 연구를 게을리해서는 안 된다는 점을 명심해야 한다.

2. 골프를 쉽게 배우는 4대 요소

골프를 가장 확실하게 배우는 4대 요소로는 ① 교육생의 골프를 배우고자 하는 마음, ② 어려운 골프를 쉽고 재미있게 가르치는 지도자의 자질이 중요하며, ③ 레슨 서약에 따른 교육생의 약속 이행, ④ 효과적인 연습 방법을 들 수 있다.

3. 골프를 쉽게 가르치는 요소들

골프는 다른 운동에 비해 훨씬 어렵다고 원리적인 설명을 한 바 있다. 어려운 운동인 만큼 골프 지도자는 쉽고 명확하게 가르쳐야 한다는 점을 명심하고 아래와 같은 기본 사항을 파악해 보자.

(1) 레슨을 즐겨라!

골프를 잘 가르치려면 가르치는 일을 즐겁게 여기고 보람을 느껴야 한다. 레슨을 돈을 벌기 위한 수단으로만 여긴다면 하루하루가 지겹기만 할 것이다.

(2) 임팩트 ⇒ 비거리 ⇒ 구질 ⇒ 일관성의 차례로 자세를 만들어 나간다

레슨을 위한 자세를 만들면 아마 골퍼는 핵심을 느끼지 못한다. 임팩트 자세를 만들면 좋은 임팩트를 위해 좋은 자세가 필요하므로 스윙은 점점 멋있어지고 임팩트도 좋아지므로 쉽고 재미있게 레슨하게 되어 아마 골퍼도 지도자도 같이 즐거워진다. 임팩트가 좋아지는 자세, 비거리를 내는 자세, 구질을 좋게 하는 자세는 곧 좋은 자세여야 하므로 뚜렷하게 목표를 설정하고 스윙을 만들어 나가면 목표의 성취도 스윙도 동시에 얻게 된다.

(3) 골프 원리와 과학적 요소를 이해하라

운동 역학을 이해하면 골프가 쉬워진다. 레슨을 할 때는 먼저 교정할 자세의 원인을 분석하고, 분석 내용을보다 명쾌하며 전달하여 이해시켜야 한다. 그러려면 지도자는 정확한 원리를 이해해야 쉽게 전달하고 교정할 수 있다.

(4) 다양한 교정 기구를 개발하라

교육생의 잘못된 습관이 오래되었다면 머리로는 이해해도 몸이 따라하기 어렵다. 이때는 다양한 방식과 종류의 기구를 개발하여 몸과 마음이 동시에 이해되도록 강제적인 자세 교정이 필요하다.

교정 기구 레슨   손목 밴드 스윙

(5) 다양한 팁의 정보를 확보하라

교육생의 성별 · 경력 · 능력 · 힘 · 유연성 등이 모두 다 다르므로 자세 교정은 다양하게 이루어져야 한다. 어떤 이는 간단한 말 한 마디에도 교정이 가능하고, 어떤 이는 이해는 하지만 몸이 따라 주지 못한다. 따라서 다양하고 방대한 교정에 대한 팁이 있다면 골퍼에 따라 다양하게 적용할 수 있다.

(6) 레슨 교재를 확보하라

쉬운 말로 교정해야 하는 자세를 전달하고, 자세를 보여 주어도 교정이 쉽지 않다면 유명 프로 골퍼들의 자세와 레슨으로 믿음을 심어 주라! 그러려면 다양한 레슨과 프로 골퍼들의 자세들을 스크랩 하여 자신만의 레슨 교재를 만들어 사용하면 레슨은 생각보다 쉬워진다.

(7) 레슨 일지를 기록하라

레슨이 발전하려면 기록이 이루어져야 한다. 그 이유는 ① 레슨 과정을 일지에 기록함으로써 후에 연구 자료로 활용하고 ② 교육생들의 레슨 내용을 확실히 기억하여 레슨이 유기적으로 연결되게 하고, ③ 교육생들에게 레슨에 대한 신뢰를 주는 데 있다. 레슨일지는 지도자와 교육생을 위해 항상 준비되어 있어야 한다.

(8) 항상 공부하라

아무리 열심히 해도 발전이 없으면 무의미하다. 이 말은 머물러 있다는 것은 곧 후퇴를 의미하는데 골프 정보의 습득을 위해 골프 잡지는 기본으로 1~2권은 구독해야 하며, 골프 지도자 교실이나 골프 세미나에 참가하거나 골프 토론회 등에 참가하여 새로운 레슨 기법을 항상 공부해야 한다.

(9) 교육생에게 레슨 서약을 숙지시킨다

교육생이 레슨 서약을 확실히 이해하고 준수 사항을 지키며 레슨과 연습에 임하면 레슨의 효과를 최대화할 수 있다.(다음 페이지 참조)

골프 세미나

교육생 레슨 서약

① 나는 나의 지도자 이외의 레슨은 정중히 거절한다.
　골프를 가르치는 사람이 두 사람 이상이 되면 스윙은 산으로 가게 될 것이다. 아무리 좋은 레슨도 어감에 따라 전달 내용이 달라질 수 있으므로 한 사람의 지도자에게 귀를 기울인다.

② 나는 나의 지도자가 가르쳐 준 것만을 열심히 연습한다.
　지도자가 타당한 이유로 레슨한 것이므로 그 레슨에만 집중한다. 그 레슨이 쉽다고 여겨 나름대로 진도를 나가면 예전의 습관으로 돌아갈 수 있으므로 교육생 혼자 레슨 진도를 나가면 안 된다.

③ 나는 예전의 레슨 방법이나 지식에 연연해 하지 않는다.
　현재의 레슨과 예전의 레슨 내용이 다르더라도 지도자를 믿고 현재 레슨에 따른다. 예전의 스윙을 지워 버리고 새롭게 만들면 훨씬 더 쉬운 스윙이 된다.

④ 나는 궁금한 점이 있으면 바로 질문하여 해소한다.
　레슨 도중 이해하기 어려운 점이 있으면 바로 질문하여 궁금증을 해소한다. 그래야 생각이 줄어들어 레슨이 쉬워진다.

⑤ 나는 지나치게 빨리 나아지려고 성급히 생각하지 않는다.
　골프는 자세는 물론 정신적으로도 어려우므로 여유를 가지고 기본을 다지겠다는 마음으로 레슨을 받아들여야 한다. 조금 늦더라도 기본이 단단해지면 좋은 스윙을 습득할 수 있게 되고, 그 이후로 빠르게 실력이 발전한다.

⑥ 나는 연습 도중 아픈 곳이 생기면 즉시 나의 지도자에게 이야기한다.
　스윙이나 교정 순서가 달라짐에 따라 갑자기 근육통이 오기도 하고 관절이 아플 수도 있다. 연습 도중이나 후에 통증이 있다면 지도자에게 이야기한다.

⑦ 나는 지도자를 믿고 따른다.
　지도자를 믿어라. 무엇을 가르치든 분명한 이유가 있다. 그 대가는 충분히 보상 받을 수 있을 것이다.

4. 효과적인 연습 방법

좋은 지도자를 만나고 교육생이 레슨 서약을 준수하면 2/3는 성공이다. 100%의 확률을 위해 적은 시간으로 최대의 레슨 효과를 거둘 수 있는 연습 방법이 있다.
그 방법을 알아보자.

1) 레슨 횟수

중·상급 골퍼의 구질이나 임팩트 등의 자세 교정 레슨은 습관과 경력에 따라 주 1~3회 레슨이 적절하며 왕초보자는 주 3~6회가 적절하다. 그 효과는 다음과 같다.
① 매일 레슨이 아니어서 교육생의 컨디션이 좋을 때를 선택하여 레슨이 이루어지므로 효과적이고
② 매일 레슨이 아니므로 레슨의 집중력이 좋아지며
③ 경제적인 부담이 줄어든다.
필요에 따라 주 1~3회 정도 레슨을 받되, 능력에 따라 별도로 1~3회 정도 혼자 연습하면 가장 이상적인 레슨과 연습이 된다.

2) 주 연습 횟수

골프 연습은 중·상급 골퍼는 라운드 빈도에 따라 주 1~3회, 왕초보 골퍼는 라운드가 없으므로 골퍼의 여유에 따라 주 2~6회가 절절하다. 레슨 자체도 중요하지만, 혼자서 연습하는 것도 매우 중요한데 그 이유는
① 레슨 내용을 상기하여 자세를 숙달시키고
② 독립적인 능력을 배양하기 위해서이다.
라운드는 지도자와 함께할 수 없으므로 자신만의 감각 정립이 필요하다.

3) 연습 시간

연습은 귀찮더라도 날마다 하는 것이 머리와 몸에 확실히 각인되어 좋다. 그러나 시간 여건상 주 4일 이상 연습할 수 있는 골퍼라면 한 번에 60~70분 정도, 2일 정도 연습할 수 있는 골퍼는 90분 정도, 주 1회 연습이 가능한 골퍼는 약 120분 정도가 적절하다.

4) 연습 방법

일일 연습 방법은 크게 반복 연습, 집중 연습, 순회 운동 이 3가지로 나누어진다.

(1) 반복 연습(Repetition Training)
간격을 두고 하는 운동을 말한다.
예) 연습 10분 – 휴식 2분 – 연습 10분 – 휴식 2분 – 연습 10분 = 3세트
※ 골퍼의 시간에 따라 하루 3~10세트를 반복한다.

반복 연습의 예
하나의 운동을 길게 하는 것보다 짧게 나누어 여러 번 하면 휴식 후 다시 연습을 시작할 때 레슨에 대한 생각이 반복되어 습득이 빨라진다.

(2) 집중 연습(intensive training)
하나의 클럽을 집중적으로 하는 연습이다.
※ 한두 개의 클럽으로 연습(드라이버, 우드, 롱 아이언, 아이언, 피칭, 치핑, 퍼팅)
※ 대상 : 자세 교정을 하는 중·상급자. 클럽 연습(월요일 : 드라이버, 피칭 / 수요일 : 우드, 퍼팅, 아이언 / 금요일 : 롱아이언, 치핑) + 간격 연습 = 10분씩 6세트
처음 시작하는 왕 초보자. 7번 아이언 + 간격 연습 = 10분씩 6세트

요일별 집중 연습의 예

월	드라이버	피칭	드라이버	피칭	드라이버	피칭	드라이버
수	우드	퍼팅	아이언	우드	퍼팅	아이언	우드
금	드라이버	치핑	아이언	퍼팅	우드	피칭	드라이버

※ 자세를 만들거나 자세를 교정과 숙달시킬 때 많이 사용하는 연습 방법임
※ 집중 연습도 간격 연습으로 해야 생각을 많이 하게 되어 교정이 빨라짐

(3) 순회 운동(Circuit Training)

여러 가지 클럽을 순회하며 하는 운동이다.

※여러 클럽의 다양한 연습(드라이버, 우드, 롱 아이언, 아이언, 피칭, 치핑, 퍼팅)

※대상 : ● 자세 교정을 하는 또는 자신의 감을 익히는 중·상급자. 예) 피칭 → 미들 아이언 → 드라이버 → 퍼팅 → 롱 아이언 → 숏 아이언 → 우드 → 치핑 → 우드 티샷 = 1세트(한 가지당 2분×9종류 = 18분×4세트)

● 왕초보자. 예) 7번 아이언 → 퍼팅 → 7번 아이언 → 치핑 = 1세트(한 가지당 2분×4종류 = 8분×10세트)

순회 운동 1세트의 예

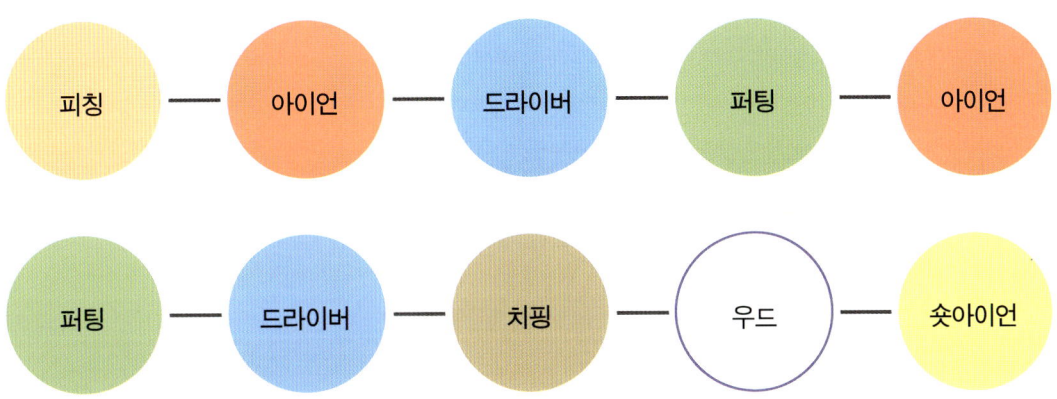

※ 자세를 숙지하고 유지하기 위해 사용하는 방법임
※ 순회하면서 자연스럽게 간격 운동이 되므로 집중력과 숙지력이 뛰어남
※ 체력 소모가 적은 클럽과 많은 클럽을 잘 섞어 순회하면 휴식 없이 연속 연습이 가능함

3가지 연습법을 각 골퍼의 시간과 경력 및 교정 정도에 따라 적절히 사용하면 최소의 시간으로 최대의 효과를 볼 수 있다. 특히 한 가지 연습을 약 2~5분 내외로 하고 교체하는 이유는 레슨을 반복할수록 몸에 빠르게 인식되기 때문이다.

3 원골프 레슨 매뉴얼

1. 원골프 레슨 매뉴얼은?

스윙뿐 아니라 골프 정신까지도 한 단계 올려 주는 교습이 참다운 교습이다. 원골프 레슨 매뉴얼은 "과학적 이론을 근거로 하여 우리 몸을 근육 운동학에 접목하여 6개의 원을 하나로 만들어 몸에 무리 없이 최대한의 파워와 정확성을 갖게 하는 내추럴 스윙을 각 골퍼들에게 정확히 전달하여 최상의 골프 자세를 만드는 레슨 매뉴얼이다.

원골프 레슨 매뉴얼의 장점
① 스윙에 대한 몸의 움직임과 함께 근본 원리를 이해시킨다.
② 다른 골퍼와 비교하여 스윙에 대한 확신을 준다.
③ 자신의 발전 과정을 확인시킨다.
④ 체계적이고 계획적인 레슨
⑤ 다양한 교정 기구를 사용함으로써 잘못된 습관을 쉽게 교정한다.
⑥ 진보적인 연습 방법과 라운드 관리
⑦ 스윙 자세를 좋게 하고 스코어를 향상시키는 전반적인 교습을 한다.

〈 레슨 신조 〉

쉽게, 재미있게, 정확하게

"쉽게"
아무리 좋은 이론도 교육생이 어렵게 느껴 받아들이지 못하면 무용지물이 되고, 좋은 스윙도 몸에 맞지 않으면 어려워지므로, 골퍼의 연령·성별·키·유연성 등을 고려하여 스윙 자세를 만들어 주고 눈높이에 맞는 이론을 전달해야 쉽게 배울 수 있다.

"재미있게"
모든 배움은 당사자가 원하고 재미있어야 한다. 골프 연습이 재미있으려면 우선 볼이 잘 맞아야 한다. 따라서 골프 레슨은 임팩트를 느끼면서 자세를 교정해 나가야 재미가 생겨 자발적으로 레슨을 받고 싶어진다. 순서를 정해 놓기보다는 각 골퍼의 개성에 맞게 임팩트 자세를 교정하면서 진행해야 한다.

"정확하게"
쉽고, 재미있게 가르친다고 해도 일정 기간 안에 골퍼의 체형에 이상적인 스윙을 만들어 주는 것이 기본이다. 정확하고 해박한 이론이 없이는 좋은 스윙을 만들 수 없으므로 공부하고 연구하여 정확하게 레슨해야 한다. 또한 하나의 골프 이론을 여러 골퍼에게 천편일률적으로 적용해서는 안 된다.

2. 골프 레슨의 종류

1) 간접 교정

간접 교정은 직접적인 자세 교정이 아닌 추상적인 교정으로서, 정신적인 이미지나, 마음의 정리, 레슨에 대한 욕구를 불러일으켜 자세를 교정하는 방법이다.

(1) 이미지 보여 주기
스윙 동영상이나 유명 프로 골퍼의 연속 사진을 통해 교육생에게 무언의 느낌과 이미지를 심어 주어 자세에 영향을 주게 하는 레슨 기법이다.

(2) 이미지 느끼기
추상적인 레슨 기법으로, 스윙을 일상생활이나 다른 운동에 비유하여 접근시키는 방법이다. 예를 들어, "곡괭이질 하듯이 볼을 캐내라" "다운 시 종을 치고 볼을 때려라." "드라이버는 야구 스윙이다. 그냥 휘둘러라." "드라이버 티샷은 빗자루로 쓸듯이 하라." "찍어라, 그러면 볼은 뜬다." 등 친근한 이미지로 스윙의 자세에 근접시키는 방식이다.

(3) 시범 보이기
교육생 또는 일정한 진도에 따라 직접 해야 할 과제를 시범을 보이는 방식이다. 예를 들어 테이크 백, 다운블로, 팔로우, 사이드블로 등 직접 스윙 이미지를 재현하여 교육생의 운동 신경에 따라 필요한 자세의 접근을 유도하는 레슨 방식이다.

시범 보이기(프로와 교육생)

2) 직접 교정

골프에 관한 잘못된 자세를 몸이 직접 느끼는 시각·촉각·근육과 관절·운동 신경을 직접적으로 자극하여 스윙 교정에 도움을 주는 방법이다.

(1) 구두 레슨
스윙 자세의 기본 원리, 잘못된 자세의 원인과 교정 방법 등을 말로써 체계적으로 교육생에게 전달하여 교정 목적을 달성하는 방식으로, 레슨에서 가장 많이 사용된다.

(2) 기구 레슨
교육생의 오랜 습관에 의해 간접 교정이나 구두 레슨으로도 자세 교정이 어려울 때 반강제적인 자세의 제약을 통해 목적을 달성하는 레슨 방법이다.

(3) 컴퓨터 레슨
컴퓨터 레슨은 가장 확실한 레슨법이다.
① 교정 전 자세와 교정 후 자세를 확인해 주고 ② 골퍼의 잘못된 자세를 보여 주어 교정의 믿음을 심어 주고 ③ 프로 골퍼의 자세와 비교 분석하여 교정 방향을 잡아 주며 ④ 스윙이 점점 나아진다는 확신을 심어 주며, ⑤ 빠른 스윙에서 보지 못했던 부분을 자세히 분석할 수 있으므로 보이지 않는 것까지 확인하여 교정이 가능한 실질적인 레슨이다.

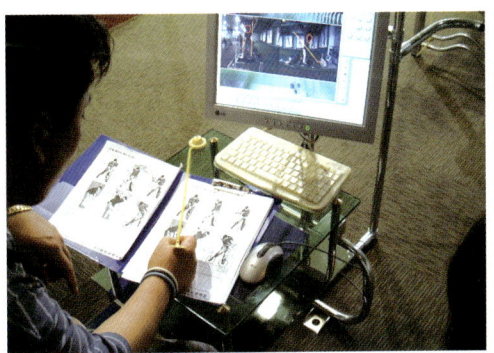

시범 보이기(프로 골퍼와 교육생)

3) 분습 교정

처음 자세를 만들어가거나 잘못된 자세를 교정할 때 자세의 각 부분을 철저히 익힌 뒤에 통합하여 전체 모양을 만드는 방법이다.

4) 전습 교정

처음 자세를 만들거나 잘못된 자세를 교정할 때 전체 모양을 먼저 잡은 뒤 각 부분을 세밀히 교정하는 방법이다.

3. 레슨 과정 4단계

레슨 과정 4단계를 잘 지키고 유지하면 어떤 레슨이라도 할 수 있다. 레슨을 시작하기 전에 교육생에게 레슨 4단계를 설명해 주고 이해시키면 레슨 효과가 크다.

① 분석 단계

잘못된 자세를 교정하기 전에 원인을 분석하기 위해 비디오로 촬영하거나 기본 스윙 5가지를 점검하거나 임팩트 존을 분석하여 레슨의 형태를 보다 쉽게 전달하기 위한 준비 단계다. 시간은 상황에 따라 5~20분 정도 소요된다.

② 전달 단계

교육생의 잘못된 자세의 원인을 파악하여 올바른 자세의 형태와 메커니즘 그리고 잘못된 자세를 고치기 위한 교정법을 교육생에게 전달하는 단계이다. 시간은 상황에 따라 5~10분 정도 소요된다.

③ 이해 단계

교육생의 잘못된 자세에 대한 원인과 이유, 올바른 자세의 형태와 메커니즘 그리고 잘못된 자세를 고치기 위한 교정법을 교육생이 확실히 이해하는 단계다. 시간은 상황에 따라 5분 정도 소요된다.

④ 숙달 단계

잘못된 습관은 이유와 교정법을 안다고 저절로 바뀌지 않는다. 확실하게 숙달해야 나쁜 습관이 바뀌므로 반복하여 연습한다. 시간은 상황에 따라 약 1시간씩 3~5회 정도 소요된다.

4. 실내 연습장과 드라이빙 레인지

실내 연습장과 드라이빙 레인지의 차이와 장점을 정확히 파악하면 어느 곳에서든 양질의 레슨을 할 수 있다. 실내 연습장은 자세를 교정하기가 좋고, 드라이빙 레인지는 라운드 적응력이 좋다.

실내 골프 연습장

- 구질과 거리가 신경 쓰이지 않으므로 임팩트 존 궤도를 정확히 구분할 수 있다.
- 교육생이 거리나 방향을 확인할 필요가 없어 자세 교정이 쉽다.
- 임팩트 존과 페이스의 타점, 타깃의 타점을 보고 교정해야 한다.
- 라운드 적응이 조금 어렵다.

드라이빙 레인지

- 구질이 확인되므로 즉각적인 구질에 대한 레슨이 가능하다.
- 거리를 확인하려는 심리가 작용하여 교정이 조금 어려워진다.
- 구질을 보고 교정해야 한다.
- 라운드 적응이 쉽다.

실내 연습장은 임팩트 존과 타점, 타깃의 타점으로 레슨한다.

드라이빙 레인지는 임팩트 존과 타점, 구질로 레슨한다.

5. 실내 연습장에서 많은 회원들의 동시 레슨법

개인 레슨은 정해진 시간 내에 레슨하는 것이고, 실내 레슨은 인원이 많고 예약제가 아니므로 교정일과 숙달일을 정해 놓고 레슨하면 교육생의 수와 상관없이 레슨 성과를 낼 수 있다.
① 주중 1일 약 5~20분 교정(분석, 전달 및 이해 단계)
② 나머지 날은 1~3분 체크(숙달 단계)
③ 다양한 교정 장비의 이용

레슨 인원 총 45명, 주 3일 레슨의 예

요일	월	수	금	합계
전달 및 이해 단계 (20~30분)	15명	15명	15명	주 45명 전달 및 이해 단계 실시 (1일 주 1회 실시)
숙달 단계(5~10분)	30명	30명	30명	주 90명 숙달 단계 실시
합계	1일 45명 레슨	1일 45명 레슨	1일 45명 레슨	주 연 인원 135명 레슨

45명의 교육생은 주 1회 전달 및 이해 단계를 실시하고 각 주 2회씩 숙달 단계를 거치므로 충분한 레슨이 가능하며, 효과적인 숙달 단계를 위해 레슨 기구를 사용하면 최소 시간으로 최대 효과를 얻을 수 있다.
※주 3회 레슨은 1회 전달 및 이해(교정) 단계와 2회 숙달 단계로 이루어진다.

6. 주 2~3일 레슨 기법의 장점

아마 골퍼들은 연습을 쉬면 감이 떨어진다는 불안감을 가진다. 정확한 원리와 이론을 바탕으로 체계적인 레슨을 하면 연습장에서 매일 소모하던 많은 시간을 다른 일에 활용할 수 있다. 시간이 충분한 골퍼는 주 3~4일, 시간이 없는 골퍼는 1~2일을 규칙적으로 연습하고 레슨 받는 것이 중요하다.

규칙적인 주 2~3일 레슨의 장점
① 교육생의 컨디션이 좋을 때 레슨할 수 있어 레슨의 전달 및 이해가 쉽고
② 집중력이 좋아지며
③ 출석률이 좋아져 규칙적인 연습과 레슨이 가능해진다.
④ 연습 시간 외의 시간을 다른 곳에 활용할 수 있어 충분한 시간의 활용이 가능해진다.
⑤ 레슨비가 절감된다.

7. 레슨 요점

1) 교육생의 신체 리듬에 따라 맞춤 관리한다

실내 연습장 레슨

연습에도 요령이 필요하다. 오늘 임팩트가 좋아도 내일 그 느낌이 사라질 수 있고, 어제 임팩트가 없었어도 오늘은 좋을 수 있는데, 이는 갑자기 자세가 달라지는 것이 아니라 그날의 컨디션에 따라 스윙 리듬이 달라지기 때문이다. 따라서 몸 상태에 맞게 연습 내용과 양을 조절할 필요가 있다.

① 연습 중 힘이 빠지기 전에 쉬게 한다.
② 피곤한 날은 쉬운 것만 한다.(퍼팅 · 치핑 · 피칭 · 숏 아이언 · 미들 아이언 등)
③ 연습을 써킷트 및 인터벌로 실시하게 한다.
④ 드라이빙 레인지에서는 2층에서 연습한다.(1층은 보통 오르막으로 되어 있어 볼을 띄우려는 마음이 강해져 퍼올리는 스윙이 되므로 자세가 나빠진다.)

2) 레슨은 자신에게 하는 것이다

지도자는 교육생을 어디에 내놓아도 떳떳해야 한다. 자신이 골프를 하듯 교육생이 골프를 잘할 수 있도록 최선을 다해야 한다. 교육생은 나의 연습장에서만 연습하고 레슨 받는 것이 아니다. 파3 숏게임장에 가서 적응 연습도 하고, 드라이빙 레인지에서 구질도 확인하고, 라운드에서 골프를 즐기는 등 다양한 사람들에게 자신을 드러낸다. 그러므로 교육생을 통해 지도자의 레슨 능력이 검증되는 것이다. 레슨은 남에게 하는 것이 아니라 자신에게 하는 것임을 기억하자.

임팩트를 잘 만들면 스윙도 예쁘지요.

레슨

3) 레슨 기간을 정하라

실내든 실외든 레슨 기간이 설정되어야 한다. 무한정한 레슨은 골프에 대한 재미를 반감시키고, 의미마저 잃게 한다. 따라서 3개월, 6개월, 9개월, 12개월 등 기간을 설정하고 계획과 비전을 제시해야 교육생은 희망을 갖고 집중한다. 그 과정에서 거짓말을 해서도 안 되고, 레슨을 오랫동안 해도 안 된다. 자신의 교육생은 지도자의 움직이는 광고가 됨을 명심하라.

4) 한꺼번에 많은 것을 주입하지 않는다

생각은 바뀌어도 몸은 바뀌기가 쉽지 않다. 일반적으로 잘못된 자세는 여러 가지 자세가 중복되어 있는 경우가 많은데, 핵심적인 자세 몇 가지를 교정하면 좋은 자세로 바뀔 수 있다. 레슨은 교정(전달과 이해)도 중요하지만 숙달 단계를 확실히 해야 하는데, 지나치게 많은 교정은 오히려 교육생을 혼란에 빠트리고 교정을 더 어렵게 만든다. 따라서 보통 1개월에 3~4가지 정도 가르치는 것이 좋다.

5) 투어 프로 골퍼의 스크랩북을 보며 자세에 대한 감을 잡게 한다

레슨에는 여러 가지 방법이 있는데, 그중에서 세계 톱 프로 골퍼들의 자세를 스크랩하여 보여 주면 스윙에 대한 확신을 가지고 쉽게 이해하게 된다. 유명 프로 골퍼들의 스크랩북 보여 주기 방법은 간단하면서도 확고한 믿음을 주는 좋은 레슨법이다.

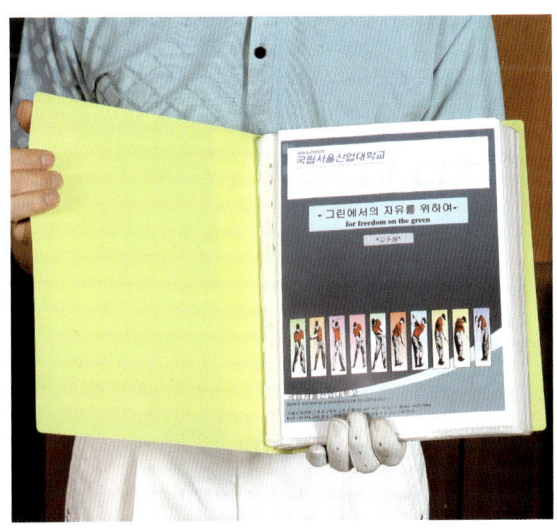
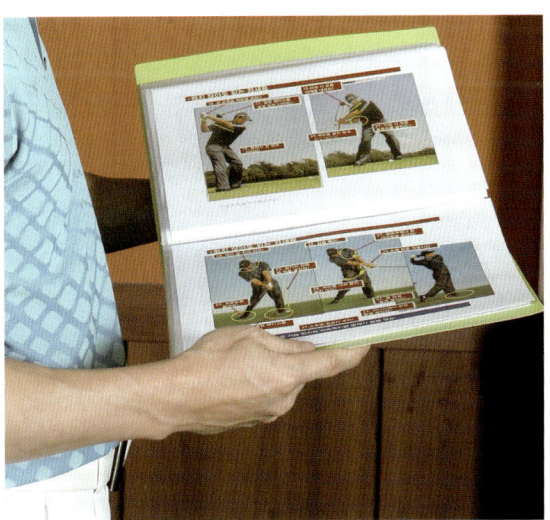

유명 프로 골퍼들의 스크랩북은 좋은 자세를 이미지화하는 데 좋다.

6) 교육생의 라운드 결과를 점검한다

"연습장에서는 프로, 필드에서는 초보"라는 말이 있다. 이것은 연습장에서 아무리 연습을 많이 해도 필드에서 적응력이 떨어지는 것을 두고 하는 말이다.

골프 지도자가 교육생과 라운드하고 필드에서의 문제점을 확인하여 약점을 보완하고 스코어까지 향상시키는 레슨이 최고라 할 수 있지만, 필드 레슨은 서로 부담이 크다. 따라서 만약 교육생이 라운드를 다녀왔다면 ① 롱 게임 ② 미들게임 ③ 숏게임 ④ 퍼팅에 대한 정보를 파악해 두어야 한다. 그래야 레슨 방향을 설정할 수 있고 연습장과 라운드 차이를 극복하는 레슨을 할 수 있다.

라운드 평가표의 예

라운드 평가표

★ 성명 : 홍 길 동 ★ 일시 : 2012년 10월 2일 ★ 골프장 : 퍼블릭 ★ 날씨 : 맑고, 바람 ★ 담당 프로 : _____

이름	홀	1	2	3	4	5	6	7	8	9	합	1	2	3	4	5	6	7	8	9	합
홍길동	T샷	○	×		×	×	○	×	×	○	슬라이스: 3 훅: 2 뒤땅: 토핑:										슬라이스: 훅: 뒤땅: 토핑:
	세컨샷	×	○	×	×	×	×	○	×	×	슬라이스: 2 훅: 4 뒤땅: 2 토핑: 1										슬라이스: 훅: 뒤땅: 토핑:
	어프로치	○	○	○	○	○	○	○	○	○	푸시: 2 풀: 뒤땅: 3 토핑: 1	○	○	○	○	○	○	○	○	○	푸시: 풀: 뒤땅: 토핑:
	퍼팅	○	○	○	○	○	○	○	○	○	푸시: 1 풀: 3 원퍼팅: 쓰리퍼팅: 3	○	○	○	○	○	○	○	○	○	푸시: 풀: 원퍼팅: 쓰리퍼팅:
		LS	LS	LS	LS	LS	LS	LS	LS	LS		LS	LS	LS	LS	LS	LS	LS	LS	LS	
		2	2	3	3	2	3	2	2	2											
	타수	1	1	2	3	0	1	0	2	1	11										

특기: ※ 바람이 세게 불어 심리적으로 어려웠음.
※ 동반자가 불편하여 힘겨운 라운드였음.

총평:

7) 스페셜 데이를 운영한다

골프 연습장의 상황에 따라 2주, 1달, 분기별에 1번씩은 스페셜 데이를 운영한다.
스윙이 골프의 전부가 아니므로 골프의 전반적인 내용을 가지고 운영 계획표를 짜 미리 예고하므로 교육생들에게 믿음을 주고 다양한 기술을 전수하여 골프를 즐겁게 만들어야 교육생들의 라운드을 조금 더 빠르게 적응시켜 골프가 즐겁고 재미있는 운동이라는 것을 느낄 수 있다.

11월 4일(토요일)은 "스페셜 데이"
오르막샷
(절대 놓치지 마십시오!)

- 장소 : ○○골프연습장
- 대상 : ○○연습장 회원 누구나
- 회비 : 30,000원(사용료, 레슨 실비)
- 시간 : 오전 6시부터 오후 9시까지
- 내용 : 오르막 샷, 오른막 치핑의 정의

― 골프아카데미 ―

자신의 구질을 확인하는 통쾌한
레인지 레슨
(절대 놓치지 마십시오!)

- 장소 : 00 골프연습장 (700-0000)
- 대상 : 레슨 회원
- 회비 : 15,000원(사용료)
- 일시 : 9월 28일 오전 10시~오후 9시까지
- 내용 : 구질 확인 및 원 포인트 클리닉

― 골프아카데미 ―

10타 줄이는 재미있는 숏게임
PAR 3 레슨
(절대 놓치지 마십시오!)

- 장소 : ○○파 3CC(900-0000)
- 대상 : 레슨 회원
- 회비 : 30,000원(사용료)
- 일시 : 6월 6일 오전 10시~오후 6시까지
- 용 : 치핑 및 퍼팅의 거리감

― 골프아카데미 ―

3월 26일(토요일)은 "스페셜 데이"
비거리 늘리기
(절대 놓치지 마십시오!)

- 장소 : ○○골프연습장
- 대상 : 00연습장 회원 누구나
- 회비 : 무료
- 시간 : 오전 10시, 오후 7시(각각 2시간)
- 내용 : 비거리의 3대 요소, 비거리의 원리

― 골프아카데미 ―

이 스페셜 데이는 스윙뿐만 아니라 골프 이론, 라운드 적응에 필요한 트러블 샷과 숏게임 등 실내 연습장에서는 할 수 없는 스윙을 익히게 하거나 감을 느끼게 하기 위해 이벤트로 실시하여 교육생들에게 기술과 즐거움을 선사한다.

9) 잘못된 습관이 심하면 여러 단계로 레슨한다

잘못 습관된 스윙은 쉽게 고쳐지지 않는다. 잘못된 자세를 쪼개어 조금씩 레슨해 나가면 도저히 고치기 어려운 자세도 서서히 개선되어, 좋은 임팩트와 구질, 비거리를 만들 수 있다.

다운 시 왼발로의 체중 이동

다운 시 왼발로의 체중 이동이 느려 뒤땅이나 토핑이 나는 골퍼의 체중 이동을 빠르게 하는 교정법 중 오른발 사용 3단계이다. 골퍼의 습관 정도에 따라 각 단계를 1~2주씩 숙달해 나가면 확실한 교정이 가능해진다.

1단계 : 다운 시 오른발을 45도 들어 주며 임팩트한다.(1~2주일 숙달)

2단계 : 다운 시 오른발을 45도 들어 주며 오른발을 왼발 쪽으로 5cm 당기며 임팩트한다.(1~2주일 숙달)

3단계 : 다운 시 오른발을 45도 들고 돌리며 임팩트한다.(1~2주일 숙달)

4단계 : 다운 시 왼발로 체중을 옮기며 임팩트한다.

4 원골프 오리엔테이션의 순서

1. 신상 명세 작성 및 레슨 서약

교육생과의 첫 면담에서는 교육생의 신상 명세를 파악하고 레슨 서약을 한다. 이것은 보다 나은 레슨을 위한 준비로, 지도자가 교육생에 대해 자세히 알아 레슨 계획에 참조하고, 지도자를 믿고 따를 수 있도록 하여 교육생과의 신뢰를 쌓아 지도자의 레슨 방식을 최대한 수용할 수 있도록 하기 위함이다.

신상 명세 및 레슨 서약

이름	홍 길 동		영문 이름	HONG GIL DONG			
연락처	HOME. 02) 442 - 9017			MOBILE. 010 - 0000 - 0000			
직업	회사원		E-mAIL	KL2299@hanmail.net			
주 소	경기도 광주시 실촌면 삼리 544						
시작 연도	1995	병력	교통 사고로 손목의 후유증				
신장	174	체중	83	핸디캡	16	사용 손	1) 오른손 ✓ 2) 왼손
희망사항	안정되게 80대 중반만 된다면…						

레슨 서약 10계명
1. 나는 나의 지도자 이외의 레슨은 정중히 거절한다.
2. 나는 나의 지도자가 가르쳐 준 것만을 열심히 연습한다.
3. 나는 나의 지도자가 있을 때 주 2~3회는 필히 레슨을 받는다.
4. 나는 레슨을 받을 동안 필드를 1개월에 1회 이하로 자제한다.
5. 나는 원 포인트 레슨 또는 원골프 스윙으로 레슨 받기를 원한다.
6. 나는 다른 교습서나 TV 등 기타 레슨에 관한 프로그램을 보지 않는다.
7. 나는 예전에 가지고 있던 레슨의 방법이나 지식에 연연해 하지 않는다.
8. 나는 지나치게 빨리 나아지려고 성급히 생각하지 않는다.
9. 나는 연습 도중 아픈 곳이 생기면 즉시 나의 지도자에게 이야기한다.
10. 나는 나의 지도자를 믿고 따른다.

위의 모든 사항들을 지킬 것을 약속합니다.   서약자 서명   홍 길 동

저는 교육생이 위의 내용을 지켜 주시는 한 최대한의 노력과 성의를 다해 가장 빠른 시간 내에 멋진 임팩트와 좋은 스윙으로 만들어 드릴 것을 약속합니다.   서약자 서명   이 몽 룡

2. 레슨 일지 기록

교육생의 레슨 내용을 일지에 기록하는 이유는 ① 레슨 과정을 기록함으로써 연구 자료로 활용하고 ② 교육생들의 레슨 내용을 확실히 기억하게 하여 레슨을 연결하고 ③ 교육 시간 외에도 내용을 확인하여 교육 내용을 생각하게 하는 데 있고 ④ 교육생들에게 일지를 작성함으로써 믿음을 주는 데 있다. 여러분이 교육생에게 레슨을 할 때 그냥 레슨하는 것과 일지를 들고 하는 것을 한 번 상상해 보라.

레슨 일지

성명		연락처		구력	
소속		병력		담당 프로	

횟수	일시	레슨 내용(사용 장비)	거리	궤도
1	1/20	*오리엔테이션 *동영상 촬영 *임팩트 존 측정 *비거리 측정 *50야드 피치샷 : 왼발에 체중 10% 더 싣기, 다운 시 팔을 펴서 직접 헤드로 볼 찍어 주기(볼 뒤에 볼 놓기)		백 뷰 : 4, 5급 프런트 뷰 : 2급
2	1/22	*50야드 피치샷 : 숙달 *70야드 피치샷 : 어깨 턴으로 백스윙의 크기 만들기(원골프 레슨 셋 볼 위에 설치)		
3				
4				
5				
6				
7				
8				
9				
10				
11				
12				
13				
14				
15				
16				
종합 평가				백 뷰 : 프런트뷰 :

3. 출석부 기록

레슨 출석부를 보면 전체 교육생의 레슨 출석률과 개별 교육생의 참석률, 결석률을 한눈에 알 수 있다. 레슨 출석부는 지도자가 교육생을 관리하고, 교육생은 자신의 출석률을 확인하며 레슨에 대한 생각을 강하게 하는 계기가 된다.

(3월) 레슨 출석부

차례	성명	횟수 만료일	1 / 1	2 / 3	3 / 5	4 / 8	5 / 10	6 / 12	7 / 14	8 / 16	9 / 18	10 / 21	11 / 23	12 / 25	13 / 27	14 / 30	월 출석
1	노○○	3/2	○	○		○		○	○	○		○	○		○	○	10
2	박○○	4/19	○	○	○	○	○	○	○	○	○	○		○	○	○	13
3	이○○	5/2	○			○			○	○		○	○	○		○	8
4	김○○	4/1		○	○		○	○	○		○	○		○	○	○	10
5	○○○																
6	○○○																
7	○○○																
8	○○○																
9	○○○																
10	○○○																
11	○○○																
12	○○○																
13	○○○																
14	○○○																
15	○○○																
16	○○○																
17	○○○																
18	○○○																
19	○○○																
20	○○○																
21	○○○																
22	○○○																
23	○○○																
24	○○○																
25	─																
26	─																
합계	24명	일 출석	24	21	15	21	22	22	23	20	24	21	19	18	17	19	231

4. 첫 측정

신상 명세, 레슨 서약, 레슨 일지, 레슨 출석부 기록이 끝나고 레슨 오리엔테이션이 끝나면 첫 번째 레슨이 시작되는데, 그 전에 측정을 해야 한다.
측정은 크게 ① 기본 자세 측정 ② 축과 4개 원의 자세 측정 ③ 임팩트 존의 측정 ④ 구질의 측정 ⑤ 비거리 측정 ⑥ 피칭의 측정 ⑦ 치핑의 측정 ⑧ 퍼팅의 측정으로 나뉜다. 이 측정은 교육생의 변화 과정을 확인시켜 주며, 측정을 통해 집중력을 키울 수 있으므로 레슨을 시작할 때와 마칠 때 측정한다. 장소는 실내나 레인지나 상관없으며, 지도자와 교육생 간의 믿음을 중대시키는 계기가 될 것이다.

1) 동영상 촬영

상담이 끝나고 골퍼가 몸을 풀고 난 뒤에 비디오 촬영을 한다.
이것은 크게 ① 교정 전 자세와 교정 후 자세를 점검할 수 있고, ② 자신은 알지 못하던 자세를 봄으로써 교정에 대한 믿음을 주고, ③ 프로 골퍼들의 자세와 비교 분석하여 교정 방향을 설정하며, ④ 자신의 스윙이 점점 나아진다는 확신을 심어 준다.
이 컴퓨터 레슨은 프로 골퍼와 비교함으로써 자신의 모습을 알고 빠른 스윙에서 보지 못했던 부분을 자세히 관찰할 수 있으므로 보이지 않는 것까지 확인하여 교정이 가능한 실질적인 레슨이라 할 수 있다. 촬영은 프런트 뷰와 백 뷰를 촬영한다.

어드레스 촬영(프론트) 프론트 뷰에서의 촬영은 스탠스의 중앙이다.

어드레스 촬영(백) 프론트 뷰에서의 높이는 어깨의 높이이다.
어드레스 촬영(프론트) 백 뷰에서의 촬영은 스탠스와 볼 중앙이다.

어드레스 촬영(프론트) 백 뷰에서의 높이는 어깨의 높이이다.

2) 기본 자세 측정

레슨을 시작하기 전에 교육생의 전체 자세를 점검하면 도움이 된다. ① 레슨 전후 자세를 객관적으로 비교할 수 있고 ② 점검한 자세를 레슨 교정에 활용할 수 있고 ③ 레슨 진행 과정을 일목요연하게 파악할 수 있다. 기본 자세를 측정할 때는 몸을 완전히 푼 뒤 한 자세 당 2~5개 정도의 평균으로 측정한다.

(1) 어드레스 & 백스윙

(2) 톱 & 다운의 전환

측정의 또 다른 장점은, 레슨 과정을 혼자서 오랫동안 반복할 수 없으므로 기본 자세에 직접 잘못된 것과 잘된 것을 구분하여 요약해 주고 기록함으로써 교정 전의 자세를 기록할 수 있고 측정이 가능하다는 것이다.

(3) 팔로우 & 피니시

이렇게 기본 자세의 측정은 자세히 점검하여 레슨에 적용하기도 하지만 레슨의 정도에 따라 필요한 자세만 점검하여 레슨에 적용하면 보다 체계적이고 진보적인 레슨이 가능해져 교육생들에게 믿음을 주는 레슨이 가능해진다.

(4) 기본 자세 전체 체크

42

3) 축과 4개 원의 자세 측정

레슨 시 말로 설명하고, 시범을 보이고, 기억을 하게 해도 혼자서 오랫동안 반복하기가 쉽지 않다. 이 때 기본 자세를 측정하여 체크 포인트에 잘된 것과 잘못된 것을 구분, 요약하여 기록해 두면 교정 전과 교정 후의 비교 및 정확한 평가가 이루어질 수 있다. 측정은 기본 자세의 장점과 단점을 파악하여 레슨 계획을 세우고 자세를 돈독히 하는 계기가 되기도 한다. 측정은 스윙 중 체크를 원칙으로 한다.

(1) 톱에서 어깨 원의 크기 : 어깨 턴의 정도에 대한 점수

톱에서 어깨 턴의 크기는 백스윙에서 큰 근육을 이용하여 힘을 최대로 축적하는 힘의 양으로, 비거리의 원천이 된다. 또한 백스윙에서 어깨 턴이 커지면 그만큼 팔의 움직임이 줄어들어 방향과 일관성까지 얻을 수 있다.

130~120도 : 100점

120~110도 : 80점

110~100도 : 60점

100~90도 : 40점

90~80도 : 20점

80도 이하 : 0점

(2) 톱에서 손목의 원 크기 : 코킹의 정도에 대한 점수

톱에서 손목 코킹의 정도는 백스윙에서 손목의 지렛대를 이용하여 적은 힘으로 최대로 힘을 발휘시키는 척도가 된다. 그러나 손목 코킹이 과도해지면 그만큼 비거리는 늘어나지만 방향과 일관성이 떨어진다.

100~90도 : 100점

90~80도 : 80점

80~70도 : 60점

70~60도 : 40점

60~40도 : 20점

(3) 다운 시 하체 원의 빠르기 : 하체 턴의 빠르기 정도에 대한 점수

다운에서 허리 턴의 빠르기는 백스윙에서 어깨의 큰 근육을 이용하여 최대로 축적한 힘을 소모 없이 하체의 큰 근육으로 힘을 배가시켜 스윙 중 주동력을 만드는 역할을 하여 비거리를 최대로 발휘한다. 다운스윙에서 허리 턴이 빨라지는만큼 팔의 움직임이 줄어들어 방향과 일관성까지 얻을 수 있지만 지나치게 빨라지면 원심력이 커져 스윙 중 흔들림이 많아진다.

상체보다 빠르게 하체가 출발 : 100점

상체와 하체가 동시에 출발 : 80점

상체로 시작하고 하체가 따라가는 : 50점

상체로만 스윙 : 20점

(4) 다운 시 축의 고정 정도 : 축의 고정에 대한 점수

다운스윙에서 축의 고정은 원심력을 높여 비거리를 증가시키고 스윙의 타법을 만들어 낸다. 또한 스윙 중 축의 움직임이 적으면 방향과 일관성을 보장된다.

완전 고정 : 100점

1cm 타깃으로 이동 : 80점

2cm 타깃으로 이동 : 50점

3cm 타깃으로 이동 : 20점

(5) 임팩트 이후 손목의 원 : 손목 턴에 대한 점수

톱에서 이루어진 손목 코킹은 다운의 전환에서 풀리는 것이 아니라 손목 턴에 의해 지연되고 풀어져서 다운스윙에서 주동력인 허리 턴에 추가되어 비거리를 내는 보조 동력이 된다. 하지만 손목 턴이 과도해지면 비거리가 늘어나는 대신 허리 턴이 느려져서 방향성이 떨어지기도 한다.

왼쪽 다리를 벗어난 이후 완전한 턴 : 100점

170도 턴 : 80점

160도 턴 : 50점

왼쪽 팔을 당기는 상황 : 20점

(6) 축과 4개 원의 자세 측정

앞에서 말한 5가지 기본 자세는 스윙 분석과 레슨에 중요한 기준이 된다. 5가지 기본 점수를 **400점 이상 : 매우 양호**, **350점 이상 : 양호**, **250점 이상 : 보통**, **250점 이하 : 약함**이라 판단한다.

스윙 체크 포인트

일시 : 2012년 10월 25일   성명 : 홍 길 동   담당 지도자 : 이 몽 룡

자세	어깨 턴의 크기	손목의 코킹	허리 턴의 빠르기	머리의 움직임	손목 턴의 빠르기	합계	구질	임팩트존	
								프런트	백
교정 전	60	80	20	100	30	290	슬라이스	3.5	4.5
교정 후	80	80	70	100	70	400	푸시 훅	2.5	2.5
비고									

4) 임팩트 존

임팩트 존은 임팩트 때 헤드가 볼에 접근하기 바로 전과 임팩트 후 약 30cm의 궤도를 말한다. 임팩트 존 궤도는 볼의 진행과 직결되므로 구질을 알 수 없는 실내 연습장에서 스윙 중에 점검한다.

(1) 임팩트 존의 궤도

임팩트 존의 궤도는 크게 ① 프런트 뷰와 ② 백 뷰로 나뉜다. 프런트 뷰는 스윙 타법에 관련하여 임팩트를 결정하고 백 뷰는 다운스윙의 궤도에 관련하여 볼의 구질을 결정한다.

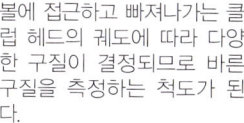

프런트 뷰는 클럽의 길이와 볼의 위치에 따라 타법이 달라져야 하므로 올바른 스윙의 타법을 측정한다.

볼에 접근하고 빠져나가는 클럽 헤드의 궤도에 따라 다양한 구질이 결정되므로 바른 구질을 측정하는 척도가 된다.

(2) 임팩트 존의 측정

임팩트존을 측정할 때는 크게 ① 프런트 뷰는 볼 앞쪽에서 임팩트 소리와 궤도를 측정하고 ② 백 뷰는 볼 뒤에서 볼에 접근하는 클럽 헤드와 볼이 임팩트 이후 빠져나가는 궤도를 측정한다.

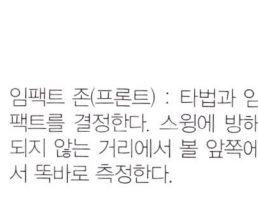

임팩트 존(백) : 구질을 결정한다. 스윙에 방해되지 않는 거리에서 볼 뒤쪽에서 똑바로게 측정한다.

임팩트 존(프론트) : 타법과 임팩트를 결정한다. 스윙에 방해되지 않는 거리에서 볼 앞쪽에서 똑바로 측정한다.

(3) 임팩트 존과 적절한 궤도의 급수

이 임팩트 존의 궤도를 쉽게 구분하기 위해 임의로 1, 2급으로 명칭한다. 임팩트 존은 클럽에 따라 타법이 다르므로 숏·미들 아이언은 백2급과 프런트2급, 롱아이언·우드는 백2급과 프런트3급, 드라이버는 백2급과 프런트4급으로 임팩트되어야 최상의 임팩트가 되어 구질과 비거리가 좋아진다.

클럽의 급수

숏·미들 아이언 : 백 2급 + 프런트 2급

롱 아이언·우드 : 백 2급 + 프런트 3급

드라이버 : 백 2급 + 프런트 4급

임팩트 존의 궤도(백)

1급 : 인 - 볼 - 아웃
2급 : 인 - 볼 - 스퀘어
3급 : 스퀘어 - 볼 - 스퀘어
4급 : 스퀘어 - 볼 - 인
5급 : 작은 아웃 - 볼 - 인

임팩트 존의 궤도(프런트)

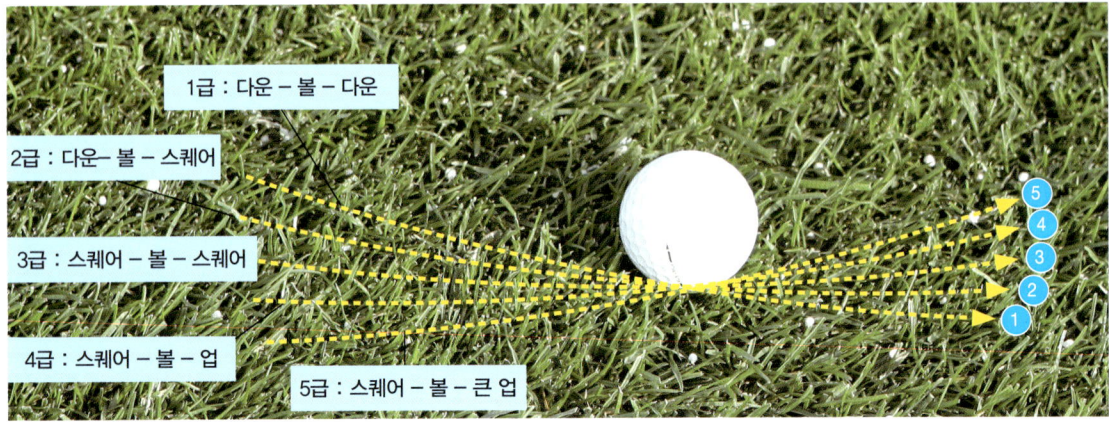

1급 : 다운 - 볼 - 다운
2급 : 다운 - 볼 - 스퀘어
3급 : 스퀘어 - 볼 - 스퀘어
4급 : 스퀘어 - 볼 - 업
5급 : 스퀘어 - 볼 - 큰 업

(4) 임팩트 존과 페이스와 구질의 연관성

구질은 백 뷰의 임팩트 존과 임팩트에서 페이스의 각도에 의해서 결정난다. 아무리 임팩트 존의 궤도가 좋아도 임팩트에서 페이스의 방향에 따라 달라진다.

임팩트 존의 궤도에 따른 페이스의 방향에 따라 발생하는 구질

임팩트 존의 궤도(백 뷰)		페이스 방향	구질
① 1급 : 인 – 볼 – 아웃		열림	푸시 슬라이스
		직각	푸시
		닫힘	푸시 훅 / 훅
② 2급 : 인 – 볼 – 스퀘어		열림	푸시 슬라이스
		직각	스트레이트
		닫힘	풀 훅
③ 3급 : 스퀘어 – 볼 – 스퀘어		열림	푸시 슬라이스
		직각	스트레이트
		닫힘	풀 훅
④ 4급 : 스퀘어 – 볼 – 인		열림	슬라이스 / 푸시 슬라이스
		직각	풀
		닫힘	풀 훅
⑤ 5급 : 작은 아웃 – 볼 – 인		열림	풀 슬라이스 / 슬라이스
		직각	풀
		닫힘	풀 훅

(5) 실내에서 구질 파악하기

볼 뒤에서 임팩트 존과 타깃의 타점을 확인하면 임팩트 시 페이스의 각도를 알 수 있다. 임팩트 존과 구질을 파악할 수 있다면 굳이 날아가는 볼을 보지 않더라도 교육생이 레인지에서 어떠한 구질로 볼을 치게 될 것인지 미리 알 수 있으므로 레슨이 정확해진다.

1급 임팩트 존에서의 구질 = 1급 궤도인 인-아웃의 궤도

상체에 힘이 없는 골퍼나 인-아웃에 집착하는 골퍼에게서 종종 나타나는 현상이다. 토핑이나 뒤땅이 많이 발생하고, 훅과 슬라이스가 나면서 구질의 일관성이 떨어진다.

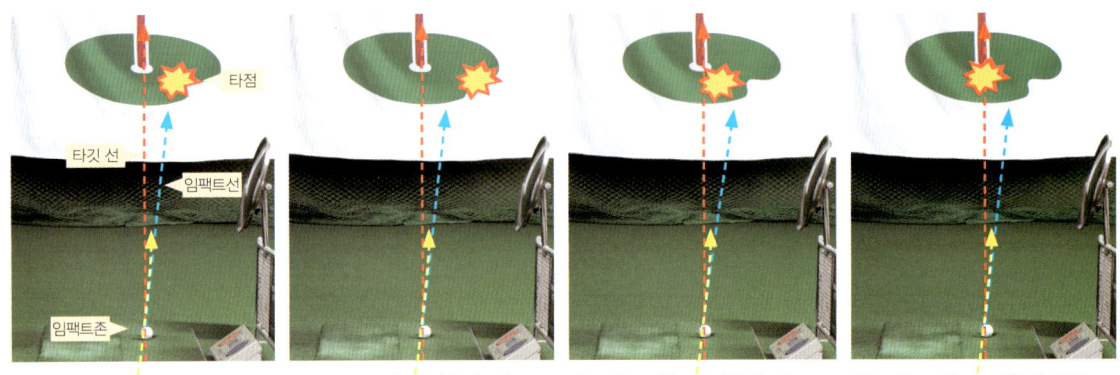

① 1급 : 인 – 아웃의 궤도 + 궤도상의 타점= 페이스는 직각 : 푸시

② 1급 : 인 – 아웃의 궤도 + 궤도보다 바깥의 타점 = 페이스는 열림 : 푸시 슬라이스

③ 1급 : 인 – 아웃의 궤도 + 궤도와 깃대와의 중간의 타점 = 페이스는 닫힘 : 푸시 훅

④ 1급 : 인 – 아웃의 궤도 + 궤도와 깃대의 타점 = 페이스는 닫힘 : 훅

2~3급 임팩트 존에서의 구질 = 2~3급 궤도인 스퀘어 궤도

가장 이상적인 스트레이트 볼이 발생하기도 하지만 가끔 임팩트에서 클럽 페이스 방향에 따라 훅과 슬라이스가 발생하기도 한다.

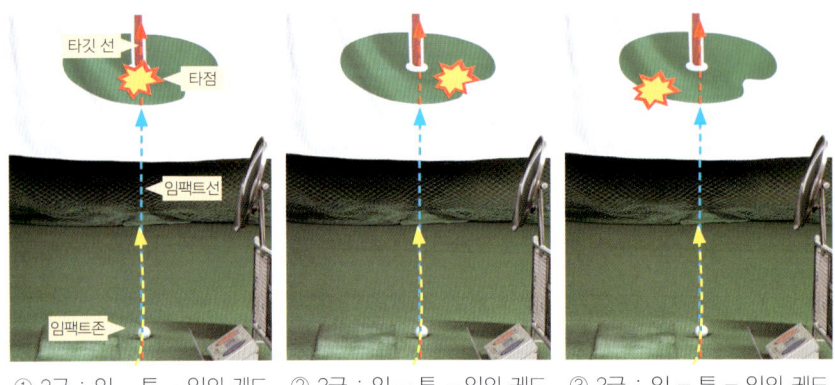

① 2급 : 인 – 투 – 인의 궤도 + 궤도상의 타점 = 페이스는 직각 : 스트레이트

② 2급 : 인 – 투 – 인의 궤도 + 궤도보다 바깥의 타점 = 페이스는 열림 : 푸시 슬라이스

③ 2급 : 인 – 투 – 인의 궤도 + 궤도의 왼쪽에 타점 = 페이스는 닫힘 : 풀 훅

4~5급 임팩트 존에서의 구질 = 4~5급 궤도인-아웃-인의 궤도

팔과 상체에 힘이 지나치게 많은 골퍼에게서 자주 나타나는 현상인데 토핑이나 뒤땅이 발생하기도 하고 구질은 훅과 슬라이스가 나면서 일관성이 떨어진다.

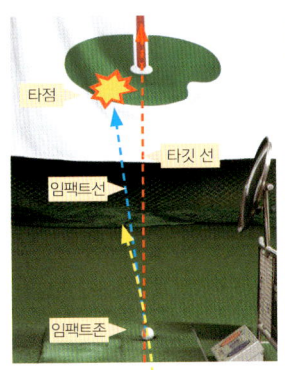
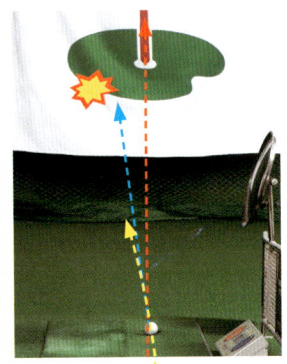
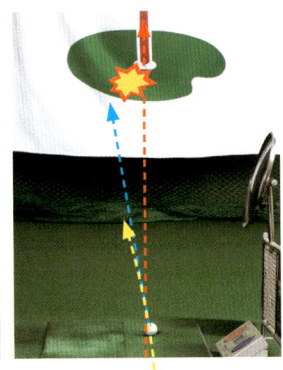
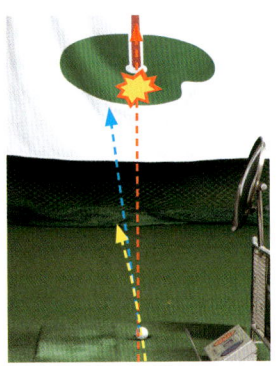

① 4~5급 : 아웃 - 인의 궤도 + 궤도상의 타점 = 페이스는 직각 : 풀

② 4~5급 : 아웃 - 인의 궤도 + 궤도보다 안쪽의 타점 = 페이스는 닫힘 : 풀 훅

③ 4~5급 : 아웃 - 인의 궤도 + 궤도와 깃대와의 중간의 타점 = 페이스는 열림 : 풀 슬라이스

④ 4~5급 : 아웃 - 인의 궤도 + 궤도와 깃대의 타점 = 페이스는 열림 : 슬라이스

이렇게 실내에서도 임팩트 존을 파악할 수 있는 능력을 기르면 구질을 충분히 파악할 수 있으므로 굳이 날아가는 볼을 보지 않더라도 교육생이 레인지에서 어떠한 구질의 볼을 치게 될 것인지 족집게처럼 알 수 있다.

5) 구질의 종류와 원리

구질의 측정은 드라이빙 레인지에서 필요한 상황의 측정으로, 구질을 결정짓는 2대 요소는 ① **임팩트 존의 궤도** ② **페이스의 방향**이다. 그리고 이 2가지 요소의 다양한 조합으로 볼의 구질은 9가지가 된다. 구질 측정은 스윙 중 체크를 원칙으로 하며 10개의 스윙 중 다수의 구질로 측정한다.

9가지 구질

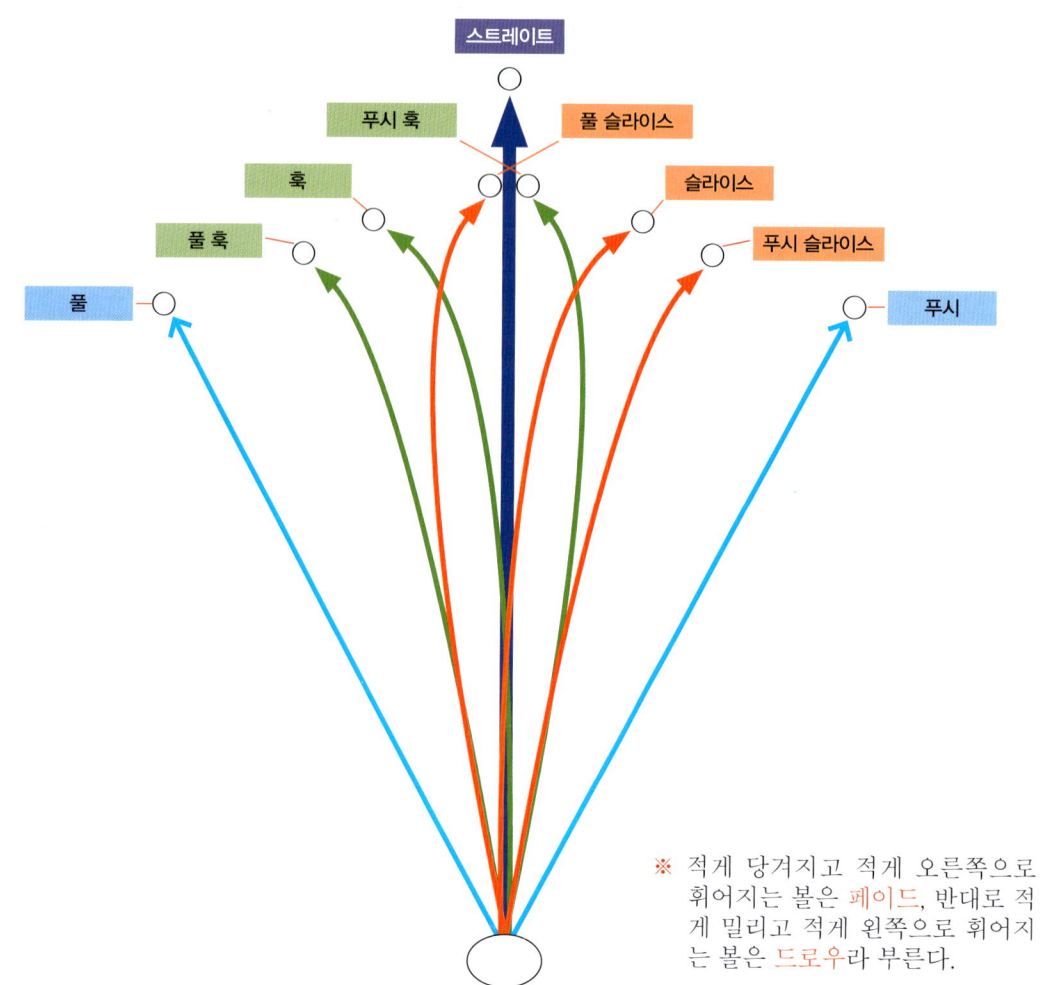

※ 적게 당겨지고 적게 오른쪽으로 휘어지는 볼은 페이드, 반대로 적게 밀리고 적게 왼쪽으로 휘어지는 볼은 드로우라 부른다.

① 슬라이스 처음은 똑바르게 나가다 오른쪽으로 휘어지는 구질	② 푸시 슬라이스 처음부터 밀리다 오른쪽으로 휘어지는 구질	③ 풀 슬라이스 처음부터 당겨지다 오른쪽으로 휘어지는 구질	④ 푸시 처음부터 밀리며 똑바르게 나가는 구질
⑤ 훅 처음은 똑바르게 나가다 왼쪽으로 휘어지는 구질	⑥ 푸시 훅 처음부터 밀리다 왼쪽으로 휘어지는 구질	⑦ 풀 훅 처음부터 당겨지다 왼쪽으로 휘어지는 구질	⑧ 풀 처음부터 당겨지며 똑바로 나가는 구질

(1) 스트레이트

스트레이트 볼은 모든 골퍼가 염원하는 것이다. 임팩트 존 궤도는 볼과 타깃에 클럽 헤드가 스퀘어로 지나가며, 이때 클럽 페이스는 타깃에 직각이 되어야 한다.

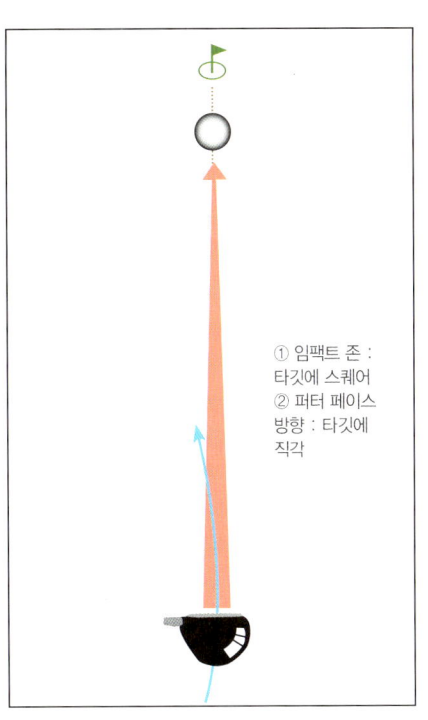

① 임팩트 존 : 타깃에 스퀘어
② 퍼터 페이스 방향 : 타깃에 직각

스트레이트 볼이 똑바로 날아가려면 임팩트 때 ① 볼의 앞과 뒤의 약 2cm 가량 임팩트 존의 궤도가 타깃에 대해 똑바르게 지나가야 하고 ② 페이스와 볼이 임팩트가 될 때부터 볼이 페이스를 떠날 때까지 클럽 페이스가 타깃에 대해 최대한 직각이 되어야 한다.

(2) 슬라이스

슬라이스의 볼은 비거리를 떨어뜨리고 방향을 나쁘게 한다. 임팩트 존에서 클럽 헤드가 볼에 아웃에서 인으로 지나가며, 이때 클럽 페이스가 궤도보다 열려 임팩트되면 슬라이스 구질이 발생한다. 그래서 코스의 상황에 따라 슬라이스 구질이 필요할 경우 아웃-인의 임팩트 존과 슬라이스의 정도에 따라 임팩트에서 페이스를 열면 원하는 슬라이스 구질을 발생시킬 수도 있다.

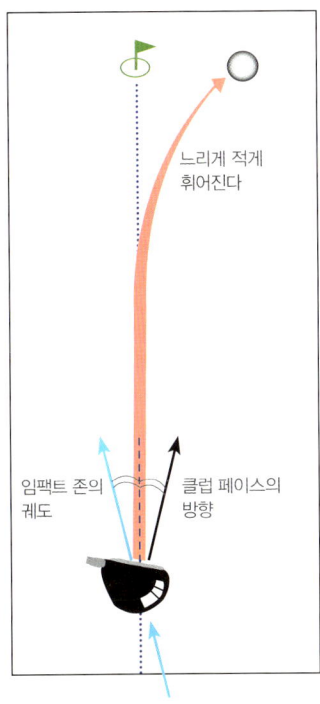

느리게 적게 휘어진다

임팩트 존의 궤도   클럽 페이스의 방향

작은 슬라이스 임팩트 존의 궤도가 아웃-인이 약하고 임팩트에서 클럽 페이스의 열린 각이 임팩트 존의 각과 같은 경우

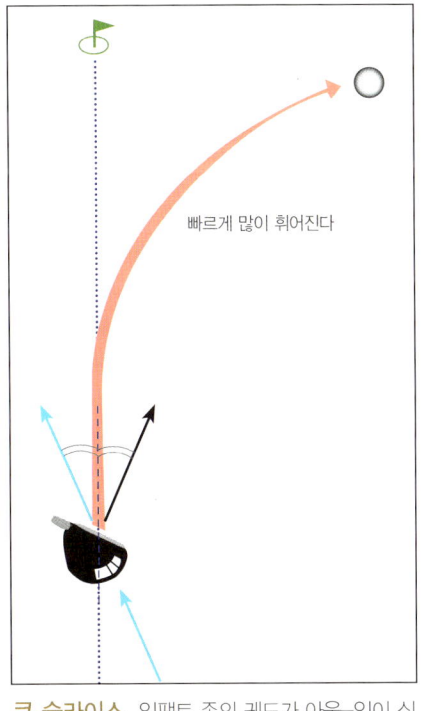

빠르게 많이 휘어진다

큰 슬라이스 임팩트 존의 궤도가 아웃-인이 심하고 임팩트에서 클럽 페이스의 열린 각이 임팩트 존의 각과 같은 경우

(3) 푸시 슬라이스

푸시 슬라이스 볼은 슬라이스보다 비거리를 더 떨어뜨리고 방향을 나쁘게 하는 최악의 구질이다. 임팩트 존에서 클럽 헤드는 볼에 스퀘어로 접근하거나 인-아웃으로 지나가며 이때 클럽 페이스가 이 궤도보다 열려 임팩트된다.

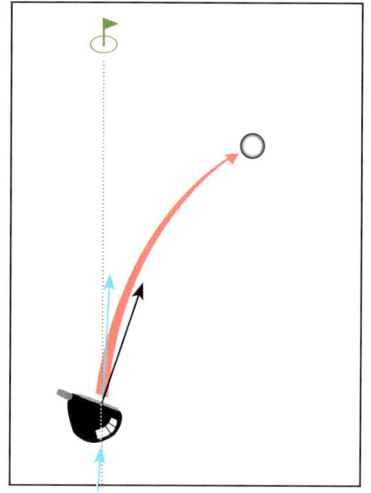 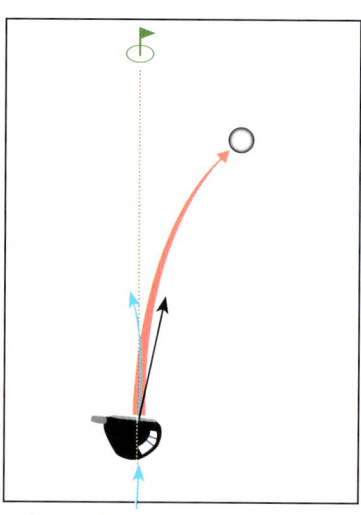 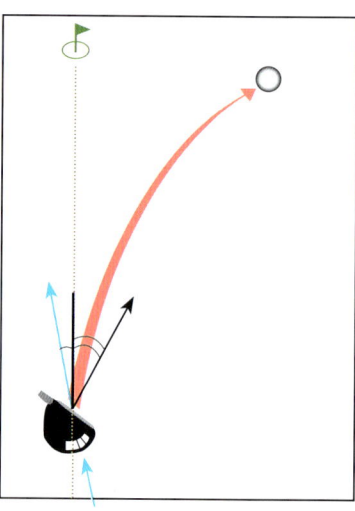

큰 푸시 슬라이스 임팩트 존의 궤도가 인-아웃으로 지나가고 임팩트에서 클럽 페이스가 임팩트 존보다 열린 경우

작은 푸시 슬라이스 임팩트 존의 궤도가 스퀘어로 지나가고 임팩트에서 클럽 페이스가 임팩트 존보다 열린 경우

임팩트 존의 궤도가 아웃-인으로 지나가고 이때 페이스가 궤도보다 더 많이 열리는 경우

(4) 풀 슬라이스

풀 슬라이스 볼은 다른 슬라이스 구질보다는 비거리와 방향에 영향을 덜 미친다. 임팩트 존에서 클럽 헤드가 볼에 아웃-인으로 지나가며, 클럽 페이스는 이 궤도보다 조금 열려 임팩트된다. 풀 슬라이스 구질이 필요하다면 아웃-인의 임팩트 존과 풀 슬라이스의 정도에 따라 페이스를 약간 열어 맞추면 된다.

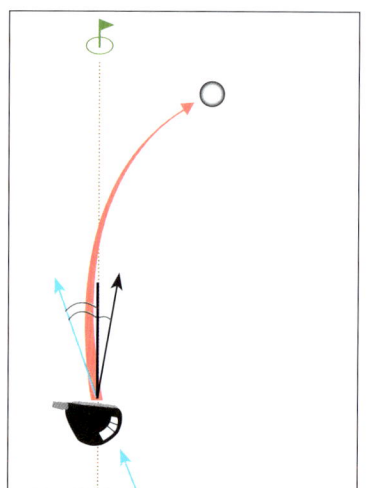 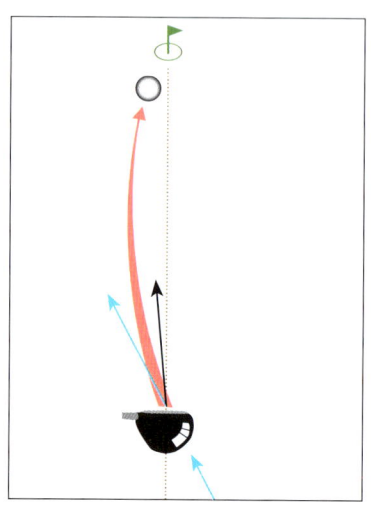 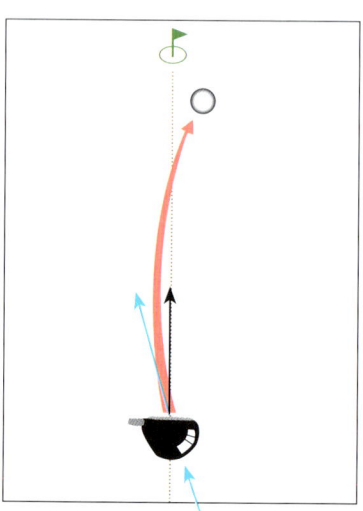

큰 풀 슬라이스 임팩트 존의 궤도가 큰 아웃-인으로 지나가고 임팩트에서 클럽 페이스가 임팩트 존보다 조금 열린 경우

작은 풀 슬라이스 임팩트 존의 궤도가 작은 아웃-인으로 지나가고 임팩트에서 클럽 페이스가 임팩트 존보다 조금 열린 경우

임팩트 존의 궤도가 아웃-인으로 지나가고 이때 페이스가 타깃을 향하는 경우

(5) 풀

풀의 구질은 비거리를 더 내는 반면 방향을 나쁘게 한다. 임팩트 존 궤도는 클럽 헤드가 볼에 아웃에서 인으로 지나가며, 이때 클럽 페이스는 이 궤도와 직각으로 임팩트되면 풀의 구질이 발생한다.

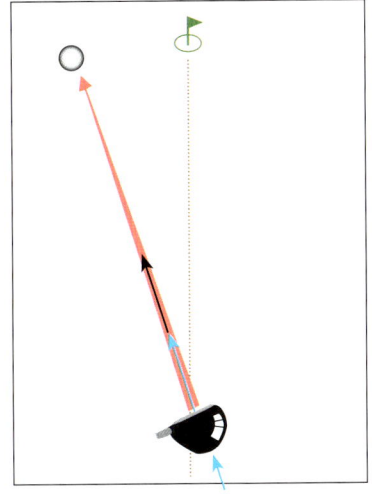 

큰 풀 임팩트 존의 궤도가 큰 아웃-인으로 지나가고 임팩트에서 클럽 페이스가 임팩트 존에 직각이 된 경우

작은 풀 임팩트 존의 궤도가 작은 아웃-인으로 지나가고 임팩트에서 클럽 페이스가 임팩트 존에 직각이 된 경우

(6) 풀 훅

풀 훅의 볼은 비거리를 심하게 떨어뜨리고 방향을 나쁘게 하는 구질 중 가장 나쁘다. 임팩트 존 궤도는 클럽 헤드가 볼에 아웃에서 인으로 지나가며, 이때 클럽 페이스가 이 궤도보다 닫혀 임팩트되면 풀 훅 구질이 발생한다.

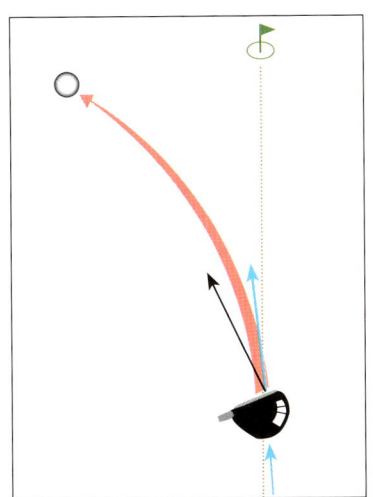 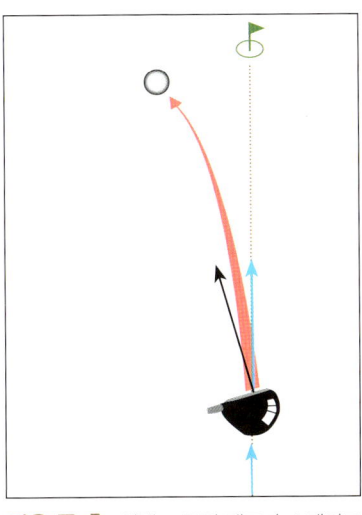 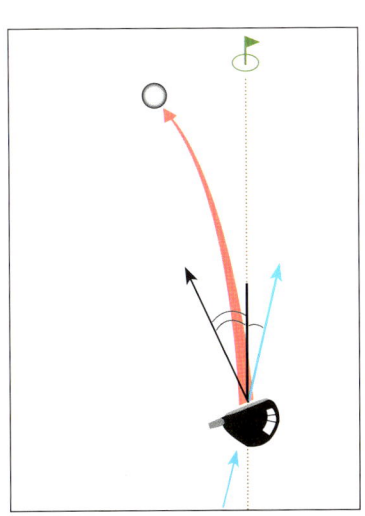

큰 풀 훅 임팩트 존의 궤도가 아웃-인으로 지나가고 임팩트에서 클럽 페이스가 임팩트 존보다 닫힌 경우

작은 풀 훅 임팩트 존의 궤도가 스퀘어로 지나가고 임팩트에서 클럽 페이스가 임팩트 존보다 닫힌 경우

임팩트 존의 궤도가 인-아웃으로 지나가고 이때 페이스가 궤도보다 더 닫힌 경우

(7) 훅

훅은 볼의 비거리를 크게 떨어뜨리지는 않는다. 임팩트 존 궤도는 클럽 헤드가 볼에 인-아웃으로 지나가며, 클럽 페이스가 이 궤도보다 닫혀 임팩트되면 훅 구질이 발생한다. 코스 상황에 따라 훅 구질이 필요하다면 임팩트 존을 인-아웃으로 하고 정도에 따라 임팩트에서 페이스를 닫는다.

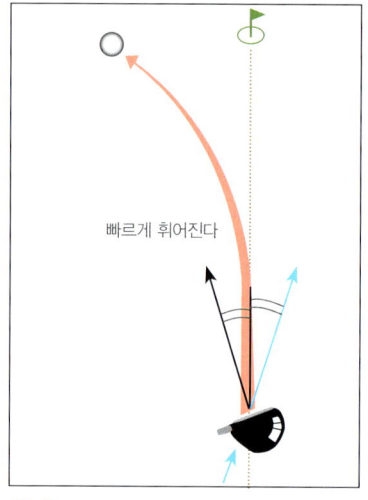
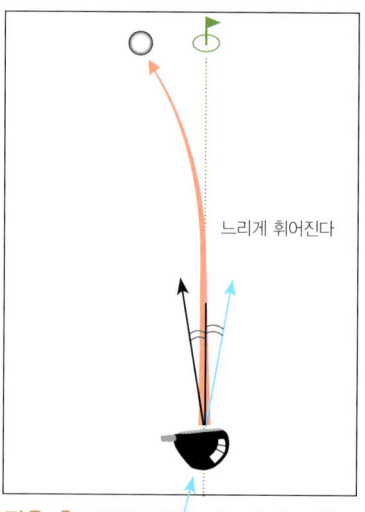

큰 훅 임팩트 존의 궤도가 큰 인-아웃으로 지나가고 임팩트에서 클럽 페이스가 임팩트 존보다 닫힌 경우

작은 훅 임팩트 존의 궤도가 인-아웃으로 지나가고 임팩트에서 클럽 페이스가 임팩트 존보다 닫힌 경우

(8) 푸시 훅

푸시 훅 볼은 다른 훅 구질보다 비거리를 가장 적게 떨어뜨리고 방향도 덜 나쁘게 한다. 임팩트 존 궤도에서 클럽 헤드가 볼에 인-아웃으로 지나가며 클럽 페이스는 이 궤도보다 조금 닫혀 임팩트된다. 푸시 훅 구질이 필요하다면 인-아웃의 임팩트 존과 푸시 훅의 정도에 따라 임팩트에서 페이스를 닫는다.

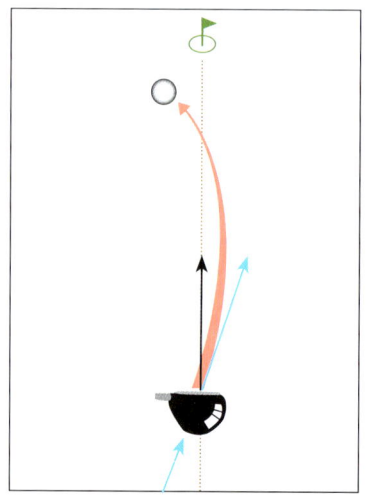
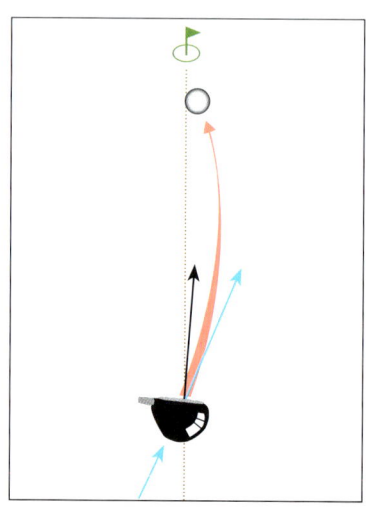
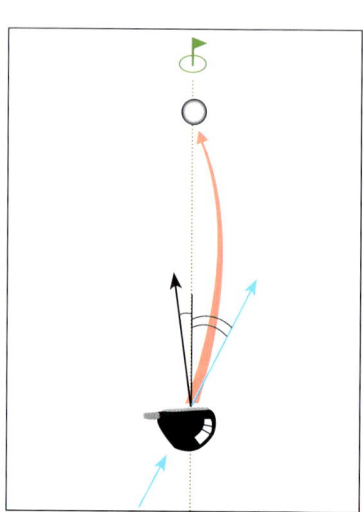

큰 푸시 훅 임팩트 존의 궤도가 큰 인-아웃으로 지나가고 임팩트에서 클럽 페이스가 임팩트 존보다 조금 닫힌 경우

작은 훅 임팩트 존의 궤도가 인-아웃으로 지나가고 임팩트에서 클럽 페이스가 임팩트 존보다 조금 닫힌 경우

임팩트 존의 궤도가 인-아웃으로 지나가고 이때 페이스가 타깃을 향하는 경우

(9) 푸시

푸시의 구질은 비거리와 방향을 나쁘게 한다. 임팩트 존 궤도는 클럽 헤드가 볼에 인에서 아웃으로 지나가며 이때 클럽 페이스가 이 궤도와 직각되게 임팩트되면 푸시의 구질이 발생한다.

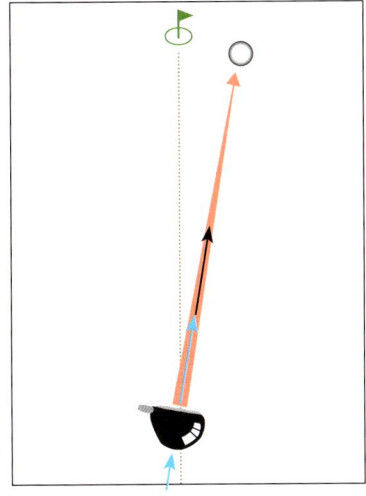

큰 푸시 임팩트 존의 궤도가 큰 인-아웃으로 지나가고 임팩트에서 클럽 페이스가 임팩트 존에 직각이 된 경우

작은 풀 임팩트 존의 궤도가 작은 인-아웃으로 지나가고 임팩트에서 클럽 페이스가 임팩트 존에 직각이 된 경우

잘못된 구질을 교정하려면 우선 자신의 정확한 구질을 파악해야 한다. 이 구질이 생기는 원리를 먼저 이해하고 잘못된 자세를 하나씩 교정해 나가면 생각보다 쉽게 구질은 교정되며, 또한 일관성을 갖추기 위해서는 잘못된 습관이 바뀔 수 있게 충분한 연습이 필요하다.

6) 임팩트 존과 구질

각 구질의 연관성을 알면 잘못된 부분을 쉽게 알 수 있어 자세 교정이 쉬워진다. 스퀘어, 아웃, 인의 임팩트 존에서 발생하는 구질들과, 결코 나올 수 없는 구질을 알아보자.

(1) 스퀘어의 임팩트 존에서 발생하는 구질

좋은 임팩트 존에서 발생할 수 있는 구질은 ① **스트레이트** ② **푸시 슬라이스** ③ **풀 훅**이다. 스퀘어의 임팩트 존에서 나올 수 없는 구질은 ① 슬라이스 ② 훅 ③ 푸시 ④ 풀 ⑤ 풀 슬라이스 ⑥ 푸시 훅이다. 또한 임팩트 존에서 스퀘어가 되었다고 해도 반드시 스트레이트 볼만 나오는 것은 아니다.

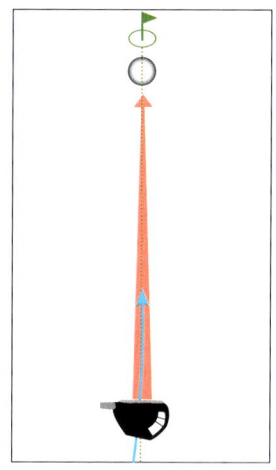
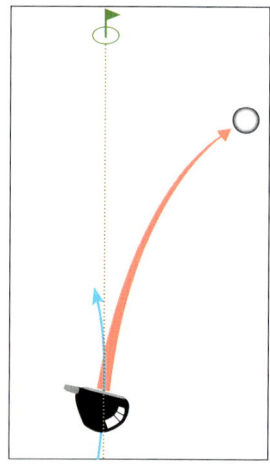
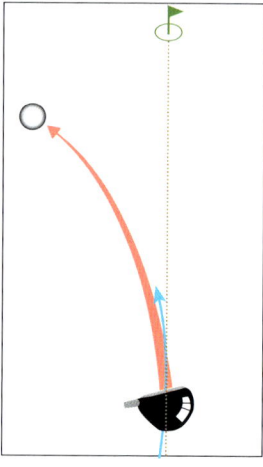

스트레이트 볼 임팩트 존 = 타깃에 스퀘어, 페이스 = 궤도에 직각

푸시 슬라이스 볼 임팩트 존 = 타깃에 스퀘어, 페이스 = 궤도에 열림

풀 훅 볼 임팩트 존 = 타깃에 스퀘어, 페이스 = 궤도에 닫힘

(2) 아웃-인의 임팩트 존에서 발생하는 구질

아웃-인의 임팩트 존에서 발생할 수 있는 구질은 ① **풀** ② **풀 슬라이스** ③ **슬라이스** ④ **풀 훅**이다. 아웃-인의 임팩트 존에서 나올 수 없는 구질은 ① 스트레이트 ② 훅 ③ 푸시 ④ 푸시 훅이다.

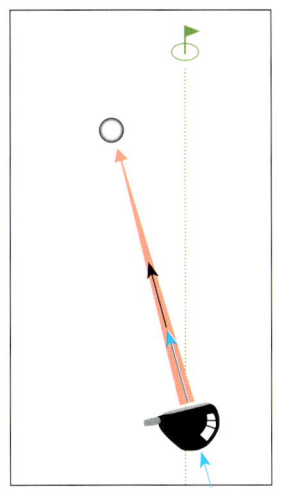 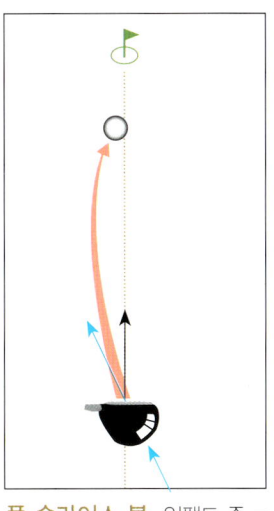 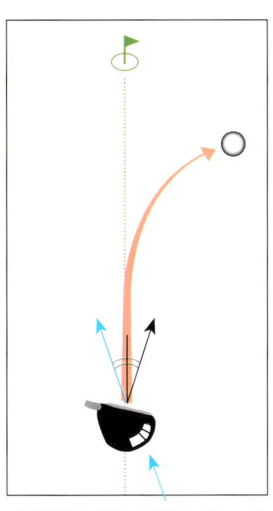 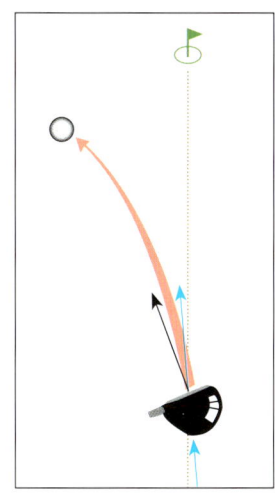

풀 볼 임팩트 존 = 아웃-인, 페이스 = 직각

풀 슬라이스 볼 임팩트 존 = 아웃-인, 페이스 = 열림

슬라이스 볼 임팩트 존 = 아웃-인, 페이스 = 임팩트 존 각도만큼 열림

풀 훅 볼 임팩트 존 = 아웃-인, 페이스 = 닫힘

(3) 인-아웃의 임팩트 존에서 발생하는 구질

인-아웃의 임팩트 존에서 발생할 수 있는 구질은 ① **푸시** ② **푸시 슬라이스** ③ **훅** ④ **푸시 훅**이다. 인-아웃의 임팩트 존에서 나올 수 없는 구질은 ① 스트레이트 ② 슬라이스 ③ 풀 ④ 풀 슬라이스이다.

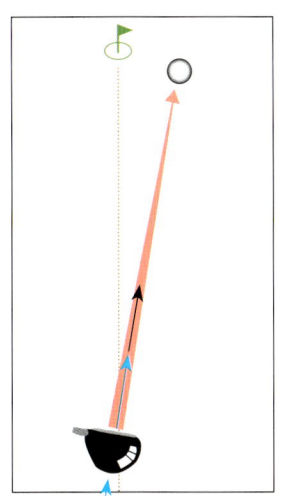 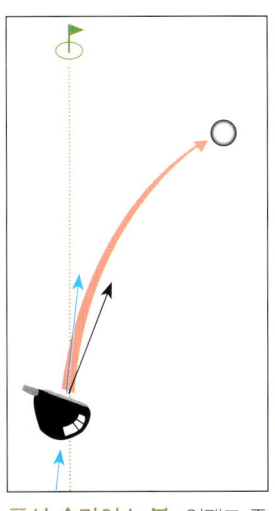 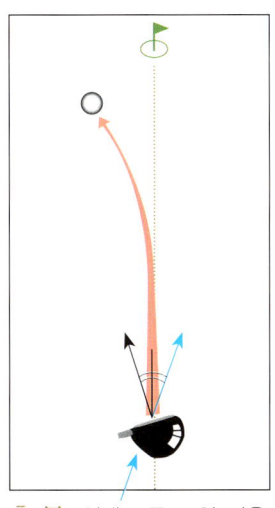 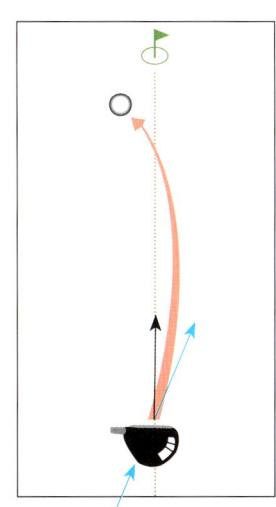

푸시 볼 임팩트 존 = 인-아웃, 페이스 = 직각

푸시 슬라이스 볼 임팩트 존 = 인-아웃, 페이스 = 열림

훅 볼 임팩트 존 = 인-아웃, 페이스 = 임팩트 존의 각도만큼 닫힘

푸시 훅 볼 임팩트 존 = 인-아웃, 페이스 = 닫힘

7) 클럽 페이스의 방향과 구질

각 구질의 연관성을 알면 쉽게 잘못된 부분을 알 수 있어 자세의 교정이 용이해지는데 클럽 페이스가 직각 또는 닫히거나 열리는 상황에서 발생하는 구질들과 절대 나올 수 없는 구질을 알아보자.

(1) 임팩트 시 클럽 페이스가 궤도와 직각에서의 구질

클럽 페이스가 임팩트 존의 궤도에 직각이 되면 ① **스트레이트** ② **풀** ③ **푸시**가 발생한다. 임팩트 존과 페이스가 직각에서 나올 수 없는 구질은 ① 슬라이스 ② 풀 슬라이스 ③ 푸시 슬라이스 ④ 훅 ⑤ 풀 훅 ⑥ 푸시 훅이다.

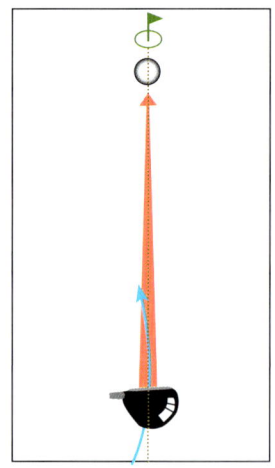

스트레이트 볼 임팩트 존 = 타깃에 스퀘어, 페이스 = 궤도에 직각

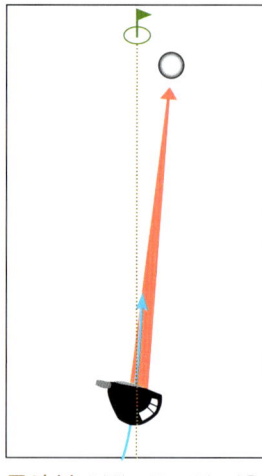

푸시 볼 임팩트 존 = 인-아웃, 페이스 = 직각

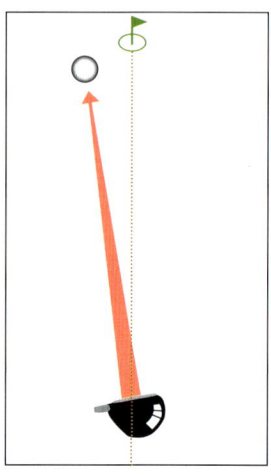

풀 볼 임팩트 존 = 아웃-인, 페이스 = 직각

슬라이스나 훅 그리고 인-아웃이나 아웃-인 또는 스퀘어 궤도에서 나오는 구질들은 원리적으로 정해져 있다. 또한 페이스가 열리거나 닫혀 임팩트되었을 때의 구질도 정해져 있으므로 꼭 초고속 카메라로 임팩트 존을 찍어 확인하지 않더라도 임팩트에서 무슨 일이 일어났는지만 정확히 파악하면 알 수 있다. 구질을 보고 임팩트 존과 페이스를 필요한 만큼 교정하면 되므로 정확한 교정이 가능해진다.

(2) 임팩트 시 클럽 페이스가 궤도보다 열림에서의 구질

클럽 페이스가 임팩트 존의 궤도보다 열리면 ① **푸시 슬라이스** ② **슬라이스** ③ **풀 슬라이스**가 발생한다. 궤도보다 열린 페이스에서 나올 수 없는 구질은 ① 스트레이트 ② 훅 ③ 푸시 ④ 푸시 훅 ⑤ 풀 ⑥ 풀 훅이며, 이러한 구질이 나왔다면 임팩트 존에서 페이스가 열리지 않은 것이다.

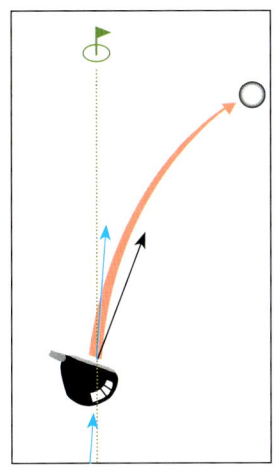
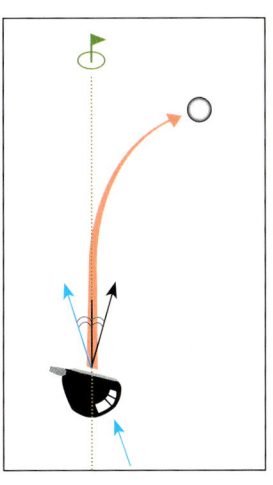
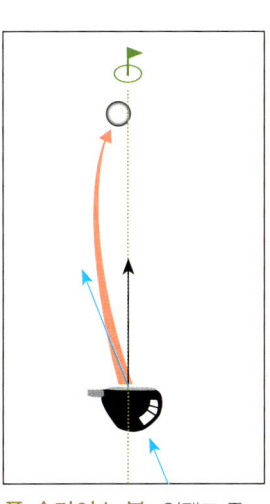
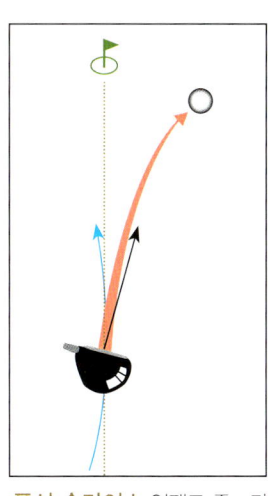

푸시 슬라이스 볼 임팩트 존 = 인-아웃, 페이스 = 열림

슬라이스 볼 임팩트 존 = 아웃-인, 페이스 = 임팩트 존 각도만큼 열림

풀 슬라이스 볼 임팩트 존 = 아웃-인, 페이스 = 열림

푸시 슬라이스 임팩트 존 = 타깃에 스퀘어, 페이스 = 궤도에 열림

(3) 임팩트 시 클럽 페이스가 궤도보다 닫힘에서의 구질

클럽 페이스가 임팩트 존의 궤도보다 닫히면 ① **풀 훅** ② **훅** ③ **푸시 훅**이 발생한다. 궤도보다 닫힌 페이스에서 나올 수 없는 구질은 ① 스트레이트 ② 슬라이스 ③ 푸시 ④ 푸시 슬라이스 ⑤ 풀 ⑥ 풀 슬라이스인데 이러한 구질이 나왔다면 임팩트 존에서 페이스가 닫히지 않은 것이다.

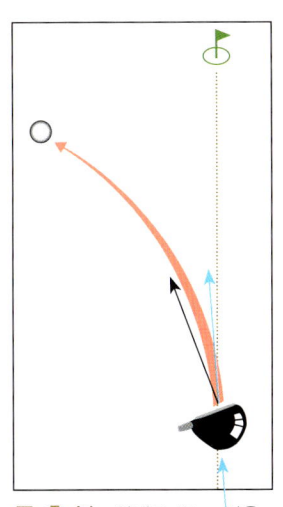
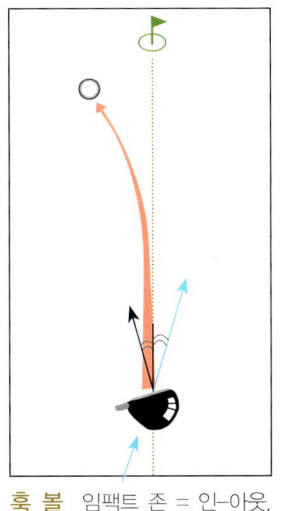
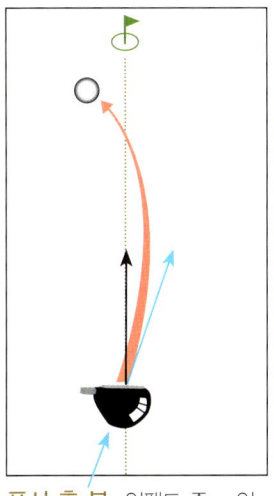
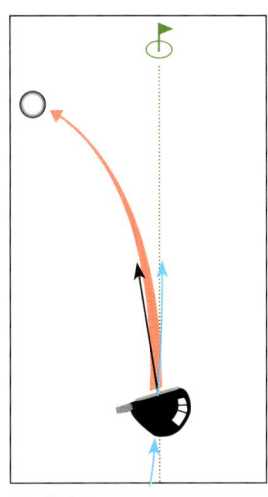

풀 훅 볼 임팩트 존 = 아웃-인, 페이스 = 닫힘

훅 볼 임팩트 존 = 인-아웃, 페이스 = 임팩트 존의 각도만큼 닫힘

푸시 훅 볼 임팩트 존 = 인-아웃, 페이스 = 닫힘

풀 훅 볼 임팩트 존 = 타깃에 스퀘어, 페이스 = 궤도에 닫힘

8) 다양한 측정

필요한 만큼 측정하고 레슨이 끝날 때 레슨 전후의 자세와 임팩트 확률을 평가하면 교육생의 발전 과정을 알 수 있고 골프에 대한 자신감을 심어 주는 계기가 된다.

(1) 거리 측정

레슨을 처음 시작하는 날에는 일지에 이름·연락처·경력·병력 등을 기재하고, 드라이빙 레인지에서는 타석 번호와 클럽 번호를 적은 뒤 몸을 충분히 풀고 5개의 볼을 친 뒤 중간의 볼을 기재한다(예 : 2층 135번 타석 : 8번 아이언 : 135m, 드라이버 : 185m). 그리고 거리는 캐리를 기록한다. 실내에서는 거리 측정기로 거리를 측정한다. 이렇게 함으로써 교정 전과 후의 거리를 비교할 수 있어 나아진다는 믿음과 자신감을 심어 줄 수 있다.

(2) 피칭 측정

피칭의 측정은 현재하고 있는 피칭의 자세와 느낌을 파악하는 중요한 판단으로 스윙의 자세를 이해하는 데 큰 도움이 되며, 피칭의 기술과 느낌을 향상시키는 잣대가 된다. 약 50야드 거리를 표시하고, 1/10인 직경 5m 안쪽에 볼을 떨어뜨리는 비율로 측정한다.

피칭 측정
① 먼저 충분히 몸을 풀고 10개의 볼로 측정한다.
② 측정 시 1개의 볼을 피칭하고 어드레스를 풀고 다시 시도한다.

(3) 치핑 측정

치핑의 측정은 현재의 치핑 자세와 느낌을 파악하는 것으로, 치핑 자세를 이해하는 데 크게 도움이 되며 치핑의 기술과 느낌을 향상시키는 잣대가 된다. 3~5m 거리에 바구니를 놓고 바운스 없이 바로 집어넣는 비율로 측정한다.

치핑 측정
① 먼저 충분히 몸을 풀고 10개의 볼로 측정한다.
② 측정 시 1개의 볼을 치핑하고 어드레스를 풀고 다시 시도한다.

(4) 퍼팅 측정

크게 2m의 숏 퍼팅과 10~15m의 롱 퍼팅을 측정한다. 숏 퍼팅은 홀인을, 롱 퍼팅은 거리의 1/10을 붙이면 성공으로 간주한다.

퍼팅 측정
① 먼저 충분히 몸을 풀고 10개의 볼로 측정한다.
② 측정 시 1개의 볼을 퍼팅하고 어드레스를 풀고 다시 시도한다.

5 첫레슨

모든 기록 점검과 측정을 마치면 본격적인 레슨 단계에 접어든다. 첫레슨은 쉽고 재미있어야 하므로 한두 가지만 가르치는 것이 좋은데, 우선 임팩트를 느끼게 함으로써 골프가 재미있다는 인식을 심어 주는 것이 좋다. 재미를 느끼게 되면 지도자를 믿고 확실히 따르게 된다. 한 번에 볼을 멋지게 임팩트 하게 교육하려면 잘못된 자세를 볼 수 있는 눈, 해박한 이론과 다양한 교습법을 갖추어야 한다.

1. 첫레슨

만약 지도자가 중요하다고 생각하는 순서를 정해 놓고 일률적으로 교육한다면 교육생은 얼마나 임팩트를 느낄 수 있을까? 맨 처음 어떠한 자세를 교정하느냐에 따라 전체 레슨 과정이 달라진다. 가장 어려운 첫레슨의 예를 들어 보자.

1) 첫레슨 주의 사항

(1) 책에 적힌 차례를 그대로 따르지 않는다

책에 나오는 순서는 나열하기 쉽게 되어 있는 것이지 효과적인 레슨 순서가 아니다. 그립과 어드레스로 다시 기본을 잡는 동안 볼이 바로 임팩트되기도 하지만 과연 얼마나 빠르게 임팩트가 되어 기분 좋은 연습과 레슨이 될까?
언제쯤 임팩트가 되기 시작할지 모르겠지만 그동안 교육생은 힘들게 자신과 싸움을 시작하고 레슨에 대한 고민을 하며 믿음이 떨어질 수도 있다는 것을 알아야 한다.

그립(프론트)   어드레스(프론트)   테이크 백(프론트)   하프 백(프론트)   톱(프론트)   팔로우(프런트)

(2) 첫레슨에 지나치게 많은 것을 요구하지 않는다

좋지 않은 자세가 보인다고 그립이나 어드레스, 테이크 백, 톱 등 눈에 보이는 대로 교정하다 보면 첫 레슨부터 교육생은 생각이 많아진다. 그렇게 되면 임팩트는 점점 멀어지고, 만약 임팩트되었다 해도 생각이 많으므로 기억되지 않는다. 그립이나 스탠스의 폭, 척추의 각이 조금만 바뀌어도 스윙은 어색해진다. 예전의 잘못된 자세에 대한 기억과 첫레슨에 대한 생각이 얽혀 일관성 없는 스윙이 되기 쉽다.

(3) 중요하게 생각하는 것을 레스하지 않는다

첫레슨에서 지도자가 중요하다고 생각하는 것부터 레슨하면 대부분 임팩트가 더 나빠진다. 스윙에서 그립이 중요하다고 여겨서 그립을 가장 이상적인 모양으로 잡게 하거나, 백스윙이 가장 중요하다고 여겨 백스윙을 고친다고 해서 바로 임팩트 감각이 생기는 것은 아니다. 특정한 부분에 집중하지 말고 전체적인 그림을 그린 뒤에 흥미를 길러 주는 레슨을 해야 한다.

2) 쉬운 첫레슨

자세에 관한 레슨 순서는 정해져 있지 않다. 교육생들의 자세는 제각각인데, 레슨 순서가 일률적이면 10명 중 8명은 임팩트를 느끼지 못하게 될 것이다. 그래서 레슨은 ① **임팩트 만들기** ⇒ ② **비거리를 늘리기** ⇒ ③ **구질 개선하기** ⇒ ④ **일관성 만들기** 순서로 해야 교육생은 첫레슨부터 임팩트를 느끼고 지도자에 대한 신뢰가 생겨 레슨이 성공한다.

① 임팩트   ② 비거리   ③ 구질   ④ 일관성

그리고 첫레슨의 클럽은 ① **퍼팅과 치핑** ⇒ ② **피치 샷** ⇒ ③ **미들 아이언 또는 드라이버** ⇒ ④ **우드 또는 롱 아이언** 순서로 시작하는 것이 바람직하다. 왜냐하면 홀에서 가까운 곳에서 사용하는 클럽은 보내야 하는 거리가 짧아 스윙이 작고 헤드 스피드가 느리므로 임팩트에 대한 스윙 교정이 비교적 쉽기 때문이다. 드라이버는 길이가 길지만 티 위에서 샷을 하므로 쉽고, 우드나 롱 아이언은 길이가 길면서 잔디에 볼이 있으므로 가장 어려운 클럽이다. 따라서 우드나 롱 아이언은 아이언과 드라이버의 타법에 따른 임팩트를 충분히 느낀 뒤에 교정해야 임팩트를 쉽게 느낄 수 있다.

① 퍼팅. 치핑(프론트)   ② 피칭(프론트)   ③ 드라이버(프론트)   ④ 우드(프론트)

2. 첫레슨 시작하기 : 분석 – 전달 – 이해

1) 첫레슨은 숏 아이언으로 시작한다

첫레슨은 모든 스윙의 기본이 되는 숏 아이언으로 시작하되, 자세가 심하게 나쁘면 퍼팅, 치핑, 피칭으로 시작하는 것이 좋다. 그 이유는 시험 문제를 풀 때 쉬운 문제를 먼저 쭉 풀어 놓고 어려운 문제를 여유 있게 생각하며 풀어야 모든 문제를 보다 빠르고 쉽게 해결할 수 있기 때문이다. 쉬운 클럽으로 기본을 탄탄히 익혀 두면 어려운 클럽도 레슨이 쉬워진다. 가능한 한 쉬운 문제를 먼저 풀어라!

① 퍼팅　　② 치핑　　③ 피칭　　④ 숏아이언

2) 첫레슨은 아이언을 다운블로로 임팩트한다

아이언이나 피칭의 임팩트는 다운블로에서 나온다. 많은 골퍼들이 볼을 띄우기 위해 쓸어 치거나 퍼 올리는 스윙을 하므로 뒤땅이나 토핑이 되어 임팩트가 나빠진다. 교육생들의 자세는 제각각이므로, 다운블로가 안 되는 원인을 파악하고 다운블로로 임팩트할 수 있는 기본 자세를 레슨한다.

① 볼은 중앙~오른발 사이　② 왼발에 체중을 10% 이상 더　③ 척추의 각을 조금 더　④ 손목의 각을 조금 더

3) 한 가지 레슨을 끝낸 후 시간을 두고 다음 레슨을 추가한다

가장 잘못된 자세 또는 쉽게 할 수 있는 한 가지를 선정하여 레슨하면 간단한 어드레스만으로 다운블로 임팩트를 바로 느끼게 된다. 그런데 워낙 습관이 잘못 들어 이 한 가지로 다운블로가 어렵다면 한 가지를 더 추가해야 한다. 이때 두 번째 자세를 추가하기 전에 첫 번째 자세가 몸에 인식되도록 약 20분 이상 연습해야 한다. 첫 번째 자세가 어느 정도 습득된 뒤에 두 번째 자세를 주입해야 두 가지 어드레스 자세를 소화할 수 있다.

이때 스윙 자세는 교육생이 현재 하고 있는 자유스런 스윙으로 하되, 어드레스만 다운블로에 필요한 한두 가지 자세를 취하고 스윙하면 바로 임팩트를 느끼게 되어 자신감을 갖게 된다.

평소보다 왼발에 체중을 10% 이상 더 싣고 약 15분 이상 연습해 보면 임팩트를 느낄 수 있다.

어드레스에서 왼발의 체중이 몸에 익숙해지면 두 번째 레슨인 손목의 각을 조금 더 주며 스윙하면 임팩트를 더 확실히 느낄 수 있다.

4) 어드레스로 임팩트가 약하면 스윙에서 한 가지 레슨을 추가한다

잘못된 자세가 오랫동안 굳어져 다운블로의 어드레스로만 어려운 교육생이라면 시간을 두고 다운블로 자세를 추가하여 네 가지 어드레스를 실시한다. 어드레스를 조금 교정하는 것이라 크게 어렵지는 않으므로 연습을 어느 정도 해 보면 레슨 전보다 임팩트가 좋아질 것이다. 만일 이 다운블로 어드레스 4종 세트로도 어려운 골퍼는 스윙 중 다운블로가 쉬운 한 가지를 추가한다.

팔로우 클럽 헤드를 볼에 떨어뜨린다. 헤드를 볼에 떨어뜨리려면 볼을 보게 된다.

다운의 전환 백스윙 시 접었던 오른팔을 펴면서 헤드로 볼을 직접 찍어 준다. 이때 볼을 본다.

5) 피칭으로 다운블로의 임팩트를 느끼게 한다

오랫동안 아이언 스윙을 쓸어 쳐 왔거나 퍼 올리는 스윙을 한 골퍼라면 다운블로로 찍어 치는 스윙은 어려워할 수 있다. 이럴 때는 처음부터 피치 샷을 가르치면 바로 임팩트가 가능해진다. 왜냐 하면 피치 샷은 왼발에 체중을 싣고 손목의 코킹을 이용해 다운블로로 볼을 쳐야 하기 때문이다. 또한 피치 샷을 하게 되면 다운블로도 익힐 수 있는 일석이조의 레슨이 된다.

【 스윙 요점 】
① 왼발과 머리를 축으로 스윙한다.
② 어드레스에서 왼발에 체중은 70% 이상이다.
③ 백스윙 시 손목 코킹의 크기로 거리를 조절한다.
④ 스윙은 손목과 허리의 동력으로 한다.
⑤ 백스윙 시 체중을 절대로 오른발로 이동하지 않는다.
⑥ 볼만 보고 스윙한다.
⑦ 볼을 찍어 주며 스윙한다.
⑧ 피니시를 낮게 끝낸다.

6) 첫레슨 순서와 종류

첫레슨은 크게 3가지로 시작하는데 교육생의 상황에 따라 잘 적용해야 한다. 중요한 것은 가장 간단하게 쉽게 임팩트 습관을 들여 주는 것인데, 임팩트가 된다고 해서 진도를 빠르게 나가 금방 무너지게 하면 안 된다. 오래된 습관은 교정으로 고쳐진다고 해서 바로 몸에 배는 것이 아니므로 숙달이 중요하다.

(1) 어드레스로 임팩트를 느끼게 한다
4가지 다운블로의 어드레스 중 한 가지 또는 두 가지에서 임팩트를 끝낼 만한 어드레스로 레슨하는 것이 지도자의 능력이다.

① 볼의 위치　② 왼발 체중의 정도　③ 척추 각의 정도　④ 손목 각의 정도

(2) 피칭으로 임팩트를 느끼게 한다
피칭도 가르치고 아이언의 임팩트도 느끼게 하는 이석이조의 레슨이다. 피칭 어드레스는 왼발에 체중을 약 70% 이상 싣고 볼은 중앙이나 약간 오른쪽에 위치하므로 볼을 찍어 치기 쉬우며, 손목의 코킹과 팔의 접힘으로 백스윙의 크기를 만들고 다시 팔과 손목의 풀림으로 다운블로로 볼을 임팩트하므로 쉽고도 간단하게 임팩트의 느낌을 전달할 수 있다.

① 볼의 위치　② 왼발 체중의 정도　③ 손목의 코킹　④ 왼발에 체중

(3) 어드레스와 다운블로로 임팩트를 느끼게 한다

교육생이 쉽게 할 수 있는 다운블로 어드레스의 한 가지 레슨으로도 임팩트가 나오지 않을 경우 바로 다운의 자세를 한 가지 더 추가하여 레슨하면 다운의 어드레스와 찍어 치는 스윙이 더해져 다운블로의 임팩트를 느끼기가 쉬워진다.

① 척추 각의 정도

② 클럽 헤드를 볼에 떨어뜨린다. 헤드를 볼에 떨어뜨리려면 볼을 보게 된다.

② 피니시를 낮게 끝낸다.

② 백스윙 시 접었던 오른팔을 펴면서 헤드로 볼을 직접 찍어 준다.

6) 첫레슨

첫레슨은 여러 가지로 시작할 수 있는데 교육생의 스윙 습관의 정도에 따라 조금씩 달라질 것이다. 첫레슨에서의 가장 중요한 것은 임팩트를 느끼게 해야 한다는 것은 변함이 없다. (이때 다운블로로 찍으려다 어깨가 덮이어 볼에 아웃-인으로 헤드가 접근하는 경우를 조심해야 한다.)

첫레슨은 **분석** — **전달** — **이해 단계**를 다 해야 하므로 프로 골퍼나 교육생에 따라 10~30분 정도 시간이 소모될 것이다. 그리고 이것으로 끝내서는 안 된다. 타 교육생을 레슨하면서 한 번씩은 임팩트가 잘 되고 있는지 확인하는 것은 기본이다.(20~30분에 한 번씩 확인 요망)

첫레슨에서 임팩트되었다고 계속 임팩트되지는 않는다. 그 이유는 잘못된 자세가 오래되어 습관이 몸에 강하게 각인되어 있기 때문이다. 그러므로 첫레슨이 끝나도 연습이 끝날 때까지 한 번씩 점검하는 센스가 필요하다.

3. 두 번째 레슨(숙달 과정)

임팩트를 느끼게 한 첫레슨에 이은 두 번째 레슨에서는 임팩트 자세를 숙달해야 한다. 첫레슨에서 바로 임팩트되었다 하더라도 오랜 습관에 의해 원래대로 돌아갈 확률이 높으므로 어느 정도 굳힌 뒤에 다음 레슨으로 넘어가야 한다.

보통 한 레슨의 숙달 과정은 1~2주가 적절하다. 이 과정이 길면 레슨하지 않은 잘못된 자세까지 숙달될 수 있다. 참고로, 숙달 단계에서는 다른 나쁜 자세가 보이더라도 참아야 한다. 새로운 교정 내용이 끼어들면 앞에서 배운 자세를 몸에 익히기도 어렵기 때문이다.

첫레슨은 분석-전달-이해 단계를 거치므로 약 5~30분 정도, 두 번째 숙달 단계는 약 1~2분 정도의 점검을 여러 번 반복한다. 자세가 유지되고 있는지, 임팩트는 나빠지지 않았는지 확인한다. 숙달 단계의 레슨은 한 번 점검에 약 1~2분 정도가 소요되므로, 골퍼가 80분 정도 연습할 때 20분 간격으로 점검하게 된다.

잘못된 자세를 알았다고 해서 교정이 바로 되지는 않는다. 새로운 자세가 자리잡으려면 연습을 반복하여 몸에 숙달시켜야 한다.

입학원서

사진 (3×4cm)	접수 번호		추천인 및 입학 경로		
	이름	(한글)		(영문)	
	연락처	(자택)		(모바일)	
	E-MAIL			(성별) □ 남 □ 여	
	주소				

과정		기간	
레벨	① 왕초보 과정 ② 초보 과정 ③ 100타 깨기 과정 1, 2 ④ 90타 깨기 과정 ⑤ 완전한 80대 과정 1, 2 ⑥ 싱글 만들기 과정 1, 2		
직장명		직위	
시작 연도		핸디캡		생년월일	
신체 조건		체중		사용 손	□ 오른손 □ 왼손
병력					
희망 사항					
특기 사항					

레슨 서약 10계명

1. 나는 나의 지도자 이외의 레슨은 정중히 거절한다.
2. 나는 나의 지도자가 가르쳐 준 것만을 열심히 연습한다.
3. 나는 나의 지도자가 있을 때 주 2~3회는 필히 레슨을 받는다.
4. 나는 레슨을 받을 동안 필드를 1개월에 1회 이하로 자제한다.
5. 나는 원 포인트 레슨 또는 원골프 스윙으로 레슨 받기를 원한다.
6. 나는 다른 교습서나 TV 등 기타 레슨에 관한 프로그램을 보지 않는다.
7. 나는 예전에 가지고 있던 레슨의 방법이나 지식에 연연해 하지 않는다.
8. 나는 지나치게 빨리 나아지려고 성급히 생각하지 않는다.
9. 나는 연습 도중 아픈 곳이 생기면 즉시 나의 지도자에게 이야기한다.
10. 나는 나의 지도자를 믿고 따른다.

위의 모든 사항들을 지킬 것을 약속합니다.   서약자 서명_____

우리 교수들은 교육생이 위의 내용을 지켜 주시는 한 최대한의 노력과 성의를 다해 가장 빠른 시간 내에 즐거운 골프를 즐길 수 있도록 할 것을 약속드립니다.   서약자 서명_____

본인은 귀 골프 학교에 입학하고자 지원합니다.

_____년 _____월 _____일

지원자 : _____ (인)

레슨일지

성 명		연락처		구 력	
소 속		병력		담당 프로	

횟수	일시	레슨 내용 (사용 장비)	거 리	궤 도	
				백 뷰 :	
				프런트뷰 :	
1	/				
2	/				
3	/				
4	/				
5	/				
6	/				
7	/				
8	/				
9	/				
10	/				
11	/				
12	/				
13	/				
14	/				
15	/				
16	/				
17	/				
18	/				
19	/				
20	/				
종합 평가				백 뷰 :	
				프론트뷰 :	

(　)월 레슨 출석부

담당 교수 : _____

차례	성 명	횟수 / 만료일 \ 일시	1	2	3	4	5	6	7	8	9	10	11	12	13	14	15	월 합계
1																		
2																		
3																		
4																		
5																		
6																		
7																		
8																		
9																		
10																		
11																		
12																		
13																		
14																		
15																		
16																		
17																		
18																		
19																		
20																		
21																		
22																		
23																		
24																		
25																		
26																		
27																		
28																		
29																		
30																		
31																		
32																		
33																		
34																		
35																		
36																		
37																		
38																		
39																		
40																		
	일일 합계																		

스윙 체크표

일시 : _____ 성명 : _____ 담당 지도자 : _____

자세	어깨 턴	손목의 코킹	허리 턴	머리의 움직임	손목 턴	합계	구질	임팩트존	
								프	백
교정 전									
교정 후									
비고									

라운드 평가표

★ 일시 : 　년　월　일	★ 골프장 :
★ 날씨 : □맑음　□바람　□흐림　□비	★ 작성자 :

	1	2	3	4	5	6	7	8	9	합	비고	1	2	3	4	5	6	7	8	9	합	비고
T 샷																						
세컨샷																						
어프로치	○	○	○	○	○	○	○	○	○			○	○	○	○	○	○	○	○	○		
퍼팅	○ L/S	○ L/S	○ L/S	○ L/S	○ L/S	○ L/S	○ L/S	○ L/S	○ L/S			○ L/S	○ L/S	○ L/S	○ L/S	○ L/S	○ L/S	○ L/S	○ L/S	○ L/S		

비고

★ 일시 : 　년　월　일	★ 골프장 :
★ 날씨 : □맑음　□바람　□흐림　□비	★ 작성자 :

	1	2	3	4	5	6	7	8	9	합	비고	1	2	3	4	5	6	7	8	9	합	비고
T 샷																						
세컨샷																						
어프로치	○	○	○	○	○	○	○	○	○			○	○	○	○	○	○	○	○	○		
퍼팅	○ L/S	○ L/S	○ L/S	○ L/S	○ L/S	○ L/S	○ L/S	○ L/S	○ L/S			○ L/S	○ L/S	○ L/S	○ L/S	○ L/S	○ L/S	○ L/S	○ L/S	○ L/S		

비고

타수 비교표

성명 : _____

장소\타수																									
27																									
26																									
25																									
24																									
23																									
22																									
21																									
20																									
19																									
18																									
17																									
16																									
15																									
14																									
13																									
12																									
11																									
10																									
9																									
8																									
7																									
6																									
5																									
4																									
3																									
2																									
1																									
0																									
−1																									
−2																									
−3																									
−4																									
일시\횟수	1	2	3	4	5	6	7	8	9	10	11	12	13	14	15	16	17	18	19	20	21	22	23	24	25

연습 기록표

성명 : _____   (개수 × 세트)

횟수	일시	드라이버	우드·롱	미들	피칭	치핑	퍼팅	기타	비고
1	/								
2	/								
3	/								
4	/								
5	/								
6	/								
7	/								
8	/								
9	/								
10	/								
11	/								
12	/								
13	/								
14	/								
15	/								
16	/								
17	/								
18	/								
19	/								
20	/								
21	/								
22	/								
23	/								
24	/								
종합 평가									

운동 기록표

성명 : _____   (무게 × 횟수 × 세트)

부위	일시														
	무게														

부위	일시														
	무게														

제2부
임팩트와 구질 교정

임팩트의 중요성

정지되어 있는 그립과 어드레스를 제외하고 스윙에서 가장 중요한 순간은 임팩트이다. 구기 운동은 볼에 임팩트를 주어야 내가 원하는 곳으로 간다. 더 나아가, 어떻게 임팩트를 하느냐에 따라 다양한 구질의 테크닉을 구사할 수 있다. 축구 선수가 볼을 찰 때는 '목표를 정하고, 목표와의 거리와 방향을 생각하여 볼을 찬다'라고 말한다. 기구를 이용하여 볼을 치는 테니스 · 하키 · 야구 · 배드민턴도 축구와 마찬가지로 볼에 임팩트를 주어야 원하는 거리와 방향으로 볼이 가는 것을 알 수 있다.

① 축구 : 볼을 보고 보낼 거리만큼 보낼 방향으로 찬다.

② 테니스 : 볼을 보고 보낼 방향과 스피드로 친다.

③ 야구 : 볼을 멀리 보내기 위해 볼을 보고 때린다.

④ 배드민턴 : 볼을 보고 보낼 방향과 스피드로 때린다.

결국 구기 운동은 볼을 임팩트해야 자신이 원하는 곳으로 볼이 나아가므로 골프에서도 임팩트가 가장 중요하다. 그 다음으로, 강하고 좋은 임팩트를 위해서는 좋은 궤도와 파워 있는 다운스윙이 중요하고, 좋은 다운을 위해서는 적절한 위치의 톱이 필요하며, 좋은 톱을 만들기 위해서는 좋은 백스윙이 필요하고, 좋은 백스윙은 좋은 테이크 백을 바탕으로 한다. 한 예로, 스윙은 이상하게 보이는데 비거리와 방향성이 좋다면, 아마 백스윙보다는 톱이나 다운, 아니면 임팩트에 대한 개념이 정확한 골퍼일 것이다.

결국 스윙의 모든 자세는 임팩트를 위해 존재하며, 자세 교정 또한 좋은 임팩트를 위해 하는 것이다.

임팩트가 제대로 되지 않는 이유는 모양에만 관심이 있고 임팩트에 대한 개념이 정립되지 않았기 때문이다. 임팩트를 위한 자세를 교정해 나가면 스윙도 좋아지고 임팩트와 구질도 좋아진다. 투어 프로 골퍼들은 이 세 가지 요건을 갖추고 있다. 다양한 구질의 원리는 앞에서 설명했으므로 지금부터는 좋은 임팩트에 대해 알아보자.

1 잘못된 임팩트의 위치와 자세 전도

정확한 임팩트는 스윙 시 클럽 페이스의 무게 중심(스윗 스폿)에 볼이 임팩트되는 것을 말한다. 만일 볼이 중심에서 벗어날수록 비거리가 떨어지고 구질과 일관성이 나빠진다. 볼을 10개 정도 치고 나서 클럽 페이스를 확인해 보자.

1. 타점의 위쪽(드라이버)
   구질은 하이 볼

2. 타점의 안쪽 (힐부분)
   구질은 훅과 슬라이스가 번갈아 나고 심하면 생크

3. 타점의 바깥쪽 (토부분)
   구질은 슬라이스, 심하면 생크

4. 타점의 아래쪽
   구질은 훅, 슬라이스가 번갈아 난다

5. 뒤땅 후 임팩트
   구질은 훅

1. 임팩트와 거리 손실

볼이 클럽 페이스의 아래나 위, 안쪽이나 바깥쪽에 임팩트되면 거리와 구질이 들쑥날쑥해진다. 즉 비거리와 방향성, 일관성이 떨어진다. 연습을 30분 정도 한 뒤에 클럽의 페이스를 확인해 보면 임팩트를 바로 알 수 있다.

| 정확한 임팩트 | 드라이버 위에 임팩트 | 안쪽에 임팩트 | 바깥쪽에 임팩트 | 아래에 임팩트 |

위와 같이 볼이 페이스의 여러 부분 외에 뒤땅을 치고 임팩트되기도 하는데 볼이 중심에서 벗어나 임팩트될수록 아래와 같은 거리의 손실이 생긴다.

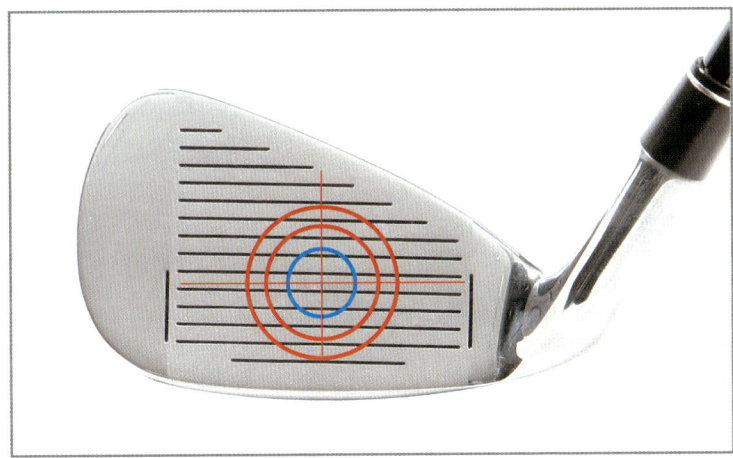

5번 아이언의 경우 0.5인치가 중심에서 벗어날 경우 거리가 5% 감소하고, 1인치가 벗어날 경우 거리가 10% 감소한다.

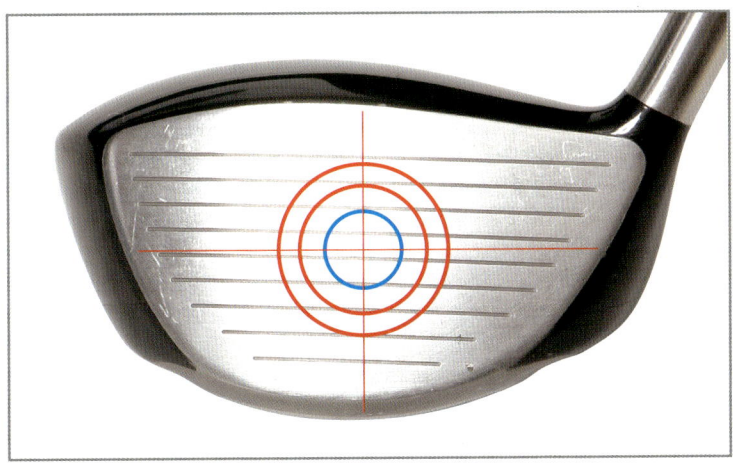

드라이버의 경우 0.5인치가 중심에서 벗어날 경우 거리가 7% 감소하고, 1인치가 벗어날 경우 거리가 14% 감소한다.

2. 드라이버 페이스 위쪽 임팩트에 대한 자세 교정 전도

1) 페이스 위쪽에 임팩트되는 어드레스(백)의 원인과 교정
— 잘못된 자세가 많을수록 더 찍어 치며 페이스 위쪽에 임팩트된다.

2) 드라이버 페이스 위쪽에 임팩트되는 어드레스(프론트)의 원인과 교정

― 잘못된 자세가 많을수록 더 찍어 치며 페이스 위쪽에 임팩트된다.

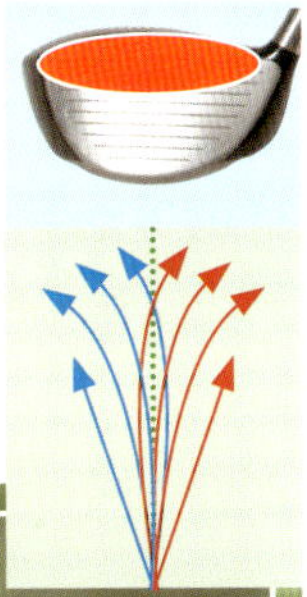

- 척추는 아이언보다 더 기울어진다
- V 홈은 오른쪽 어깨와 오른쪽 귀 사이를 향한다
- 척추 각이 세워져 있다
- V 홈이 왼쪽을 향한다
- 스탠스가 좁다
- 볼 위치가 스탠스의 중앙이다
- 왼발에 체중이 많다
- 체중은 오른발에 조금 더 많다
- 볼의 위치는 왼발 뒤꿈치다
- 스탠스 폭은 아이언보다 더 넓다

3) 페이스의 위쪽에 임팩트되는 스윙 중의 원인과 교정 ①

- 잘못된 자세가 많을수록 더 찍어 치며 페이스 위쪽에 임팩트된다.

- 어깨 턴이 90도가 안 된다
- 허리가 스웨이된다
- 척추 각이 세워진다

- 어깨의 턴이 90도가 넘는다
- 척추의 각은 기울어져 있다
- 허리는 밀리지 않고 안으로 돈다

- 샤프트 방향은 타깃을 향한다
- 왼팔의 높이는 오른쪽 어깨와 겹친다

- 샤프트 방향이 타깃 왼쪽을 향한다
- 왼팔이 오른쪽 어깨보다 높다

4) 페이스의 위쪽에 임팩트되는 스윙 중의 원인과 교정 ②

— 잘못된 자세가 많을수록 더 찍어 치며 페이스 위쪽에 임팩트된다.

다운 시 머리가 타깃으로 나간다

다운에서 머리는 움직이지 않는다

손목의 턴에 의해 왼팔은 몸에서 떨어진다

손목의 턴은 자연스레 이루어져 있다

왼쪽 겨드랑이가 너무 조여져 있다

손목 턴이 되지 않는다

3. 페이스 안쪽 임팩트에 대한 자세 교정 전도

1) 페이스 안쪽에 임팩트되는 원인이 몇 가지 있는지 아래의 어드레스에서 찾아보세요.
― 잘못된 자세가 많을수록 페이스 안쪽에 임팩트된다.

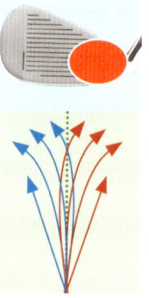

- 어깨가 지나치게 왼쪽을 향한다
- 몸과 손의 간격이 너무 좁다
- 스탠스가 너무 왼쪽을 향한다
- 척추 각이 지나치게 작다
- V 홈이 턱 왼쪽을 향한다
- 오른발에 체중이 많다
- 스탠스가 너무 넓다
- 볼이 왼발 쪽에 있다
- 왼발이 지나치게 열려 있다

2) 페이스 안쪽에 임팩트되는 원인이 몇 가지 있는지 아래의 스윙에서 찾아보세요.

− 잘못된 자세가 많을수록 페이스 안쪽에 임팩트된다.

4. 페이스 바깥쪽 임팩트에 대한 자세 교정 전도

페이스 바깥쪽에 임팩트되는 원인이 몇 가지 있는지 찾아보세요
- 잘못된 자세가 많을수록 더 페이스의 바깥쪽에 임팩트된다.

몸과 손의 간격이 지나치게 넓다

팔로우에서 왼쪽 겨드랑이가 지나치게 조여졌다

왼쪽 팔꿈치가 지나치게 구부러져 있다

임팩트에서 왼발로 체중 이동 전 왼쪽 허리가 지나치게 빨리 열렸다

5. 페이스 아래쪽 임팩트에 대한 자세 교정 전도

1) 페이스 아래쪽에 임팩트되는 원인이 몇 가지 있는지 찾아보세요
- 잘못된 자세가 많을수록 더 페이스 아래쪽에 임팩트된다.

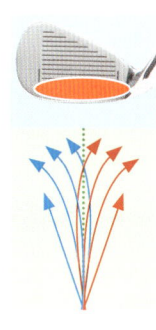

2) 페이스 아래쪽에 임팩트되는 원인이 몇 가지 있는지 찾아보세요
— 잘못된 자세가 많을수록 페이스의 아래쪽에 임팩트된다.

6. 뒤땅 후 임팩트에 대한 자세 교정 전도

1) 페이스 뒤땅 후 아래쪽에 임팩트되는 원인이 몇 가지 있는지 찾아보세요

― 잘못된 자세가 많을수록 페이스의 뒤땅 후 임팩트된다.

2) 페이스의 뒤땅 후 아래쪽에 임팩트되는 원인이 몇 가지 있는지 찾아 보세요.

– 잘못된 자세가 많을수록 뒤땅 후 페이스에 임팩트된다.

7. 페이스의 스윗 스폿 임팩트의 자세 교정 전도

1) 스윗 스폿에 정확하게 임팩트되는 어드레스의 좋은 자세는?

— 좋은 자세가 많을수록 임팩트는 좋아진다.

- 어깨는 타깃과 평행
- 척추는 클럽이 짧을수록 숙여진다
- 손목은 클럽이 짧을수록 더 굽혀진다
- 몸과 손의 간격은 클럽이 짧을수록 좁아진다
- 스탠스는 타깃과 평행

- V 홈은 오른쪽 어깨와 오른쪽 귀 사이를 향한다
- 척추는 클럽이 짧을수록 세워진다
- 스탠스의 폭은 클럽이 짧을수록 좁아진다
- 체중은 왼발에 더 실는다
- 볼의 위치는 다운블로의 정도에 따라 오른발 쪽으로 위치한다
- 왼발은 약 15도 열려 있다

2) 페이스의 스윗 스폿에 임팩트되는 원인의 교정에 대한 스윙의 좋은 자세는?

— 좋은 자세가 많을수록 더 확실히 임팩트된다.

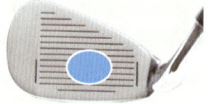

- 어깨의 턴이 90도가 넘는다
- 척추의 각은 기울어져 있다
- 허리는 밀리지 않고 안으로 돈다

- 샤프트는 타깃을 향한다
- 왼팔의 높이는 오른쪽 어깨와 겹친다

- 손목 코킹은 풀지 않고 내려온다
- 다운은 왼발로의 체중 이동과 허리 턴으로 시작한다

- 왼팔은 손목 턴에 의해 몸에서 떨어진다
- 손목 턴은 자연스레 이루어진다

2 페이스 위쪽에 임팩트되고 일관성 없는 구질의 교정

1. 드라이버 티샷에서 임팩트와 구질이 나빠지는 그 원인

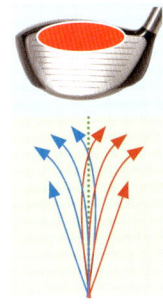

드라이버 티샷에서 볼을 찍어 쳐 페이스 위쪽에 임팩트되어 볼이 붕 떠 버리거나, 임팩트되었다 하더라도 낮은 탄도의 볼이 나오며, 푸시·푸시 슬라이스·풀 슬라이스·풀·풀 훅 이 발생하여 일관성이 없다면 스윙 타법을 정확히 파악하지 못하고 있는 것이다. 티 위의 볼은 사이드나 어퍼블로로 쓸어 쳐야 비거리와 구질이 좋아지며, 잔디의 볼은 그린의 효과적인 공략을 위해 다운블로로 찍어 쳐야 적절한 백스핀과 실수를 줄일 수 있다. 그런데 많은 골퍼들이 다운블로로 아이언을 열심히 잘 치다 보면 드라이버를 아이언 스윙하듯이 다운블로로 몸이 인식되어 자신도 모르게 몸이 조금씩 변해 드라이버가 나빠져 임팩트·구질·일관성·비거리까지 나빠진다.

드라이버 티샷에서 임팩트와 구질이 나빠지는 원인이 무엇인지 알아보고 교정해 보자.

드라이버 티샷은 최하점을 지나 1~4도 정도 올라가며 임팩트되어야 적절한 백스핀과 투사각이 생겨 최적의 거리와 방향을 얻을 수 있다.

드라이버 티샷에서 볼을 임팩트하고 최하점을 지나면(찍어 치면) 볼이 낮아지거나 일관성이 없는 구질이 되며 심하면 클럽의 헤드 위쪽에 임팩트되어 높은 볼이 되어 거리를 완전히 잃어버린다.

2. 드라이버 티샷의 적절한 쓸어 치는 스윙

볼과 원의 중심과 타법(프런트)

풀 스윙은 하나의 큰 원인데 임팩트에서 볼의 위치와 원의 중심이 볼 위면 사이드블로가 되고 중심이 볼 앞이면 다운블로의 타법이 구사되고 반대로 볼보다 중심이 뒤에 있으면 어퍼블로가 자연스럽게 구사된다.

약간 내려가며 임팩트된다

임팩트에서 원의 축이 볼보다 앞쪽에 위치하면 자연스럽게 다운블로가 구사되어 볼을 찍어 치게 된다.

약간 올라가며 임팩트된다

임팩트에서 원의 축이 볼보다 뒤쪽에 위치하면 자연스럽게 어퍼블로가 구사된다.

3. 페이스 위에 임팩트되거나 방향의 일관성이 없는 원인 교정

1) 어드레스 시 오른발 쪽에 놓인 볼 위치의 원인과 교정

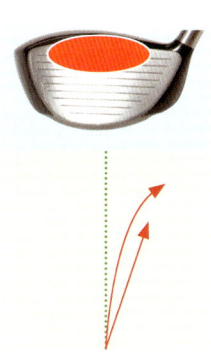

어드레스에서 오른발 쪽에 놓인 볼의 위치는 잘못된 구질이나 적절한 탄도의 푸시, 푸시 슬라이스 교정을 위해 임시방편으로 오른발 쪽으로 볼 위치를 이동시키면 볼에 다운블로가 되기 쉬워 페이스의 위쪽에 임팩트되고 볼이 오른쪽으로 휘어지는 구질이 늘어난다.

볼이 거의 중앙에 위치한다

아이언의 스윙 시 볼의 위치에 대한 습관과, 볼의 탄도를 낮추기 위해, 훅이 많이 나서 임기응변으로 볼을 오른쪽으로 위치한 경우

볼이 왼발 뒤꿈치에 위치한다

드라이버는 비거리를 충분히 내야 하므로 볼의 위치는 쓸어 치기 쉬운 왼발 뒤꿈치에 위치해야 한다. 어드레스를 할 때 왼발 뒤꿈치와 스탠스에 클럽을 놓고 연습을 하면 적응된다.

이렇게 어드레스 시 볼의 위치가 오른쪽일수록 티의 높이는 낮아지고 왼쪽으로 위치할수록 티 높이가 높아져야 한다. 왜냐하면 볼의 위치가 오른쪽일수록 찍어 치게 되고 왼쪽일수록 쓸어 치게 되기 때문이다.

2) 척추의 각이 작은 어드레스의 원인과 교정

척추의 각이 작은 어드레스는 보통 아이언 어드레스가 몸에 습관 되어 드라이버도 척추의 각이 적은 어드레스로 다운스윙이 되면 다운블로로 페이스의 위쪽에 임팩트되고 구질의 일관성이 없어진다.

어드레스 시 척추의 각이 지나치게 서 있으면 톱도 업라이트해져 다운 시 헤드가 떨어지는 힘이 좋아지고 상체가 타깃으로 나가기 쉬워져 찍어 치며 일관성 없는 구질이 발생하기 쉽다.

> 어드레스 시 척추의 각이 작을수록 찍어 치고 클수록 쓸어 치는데, 이때 척추 각이 너무 크면 토핑이나 뒤땅이 난다.

드라이버 어드레스 시 볼이 왼발 뒤꿈치에 위치함에 따라 클럽을 볼 뒤에 정렬하기 위해 상체가 따라간 상황이거나 아이언 어드레스의 습관에 의해 생긴 자세

알맞게 기울어진 어드레스에서 백스윙하면 톱에서도 척추의 각이 어드레스처럼 기울어지고 약간 낮아지므로 다운 시 머리가 볼 뒤에 있어 자연스럽게 쓸어 치게 된다.

드라이버의 어드레스에서 척추의 각은 6~8도 정도가 적당하며 체중은 왼발에 40%, 오른발에 60% 싣는다.

3) 왼발에 체중이 더 많은 어드레스의 원인과 교정

다운블로를 위한 아이언 어드레스가 몸에 배어 드라이버도 왼발에 체중이 더 많은 어드레스로 스윙하면 다운블로가 되어 페이스 위쪽에 임팩트되고 구질의 일관성이 떨어진다.

백스윙 시 어깨 턴이 어려워 톱이 업라이트해지며 다운 시 상체가 타깃으로 나가기 쉬워 찍어 치고 일관성 없는 구질이 발생된다.

아이언 스윙 시 다운블로를 쉽게 하기 위해 어드레스에서 왼발에 체중을 더 실어 주는 습관에 의해 생긴 자세다.

드라이버 어드레스에서 체중은 왼발에 40%, 오른발에 60% 싣는다. 그러나 오른발에 체중을 지나치게 실으면 다운 시 왼발로 체중 이동이 지나치게 느려져 토핑이나 뒤땅이 날 수 있다.

백스윙을 하게 되면 어깨 턴이 좋아지고 톱이 약간 낮아지며 볼보다 머리가 뒤에 있어 다운 시 허리 턴이 빨라져 자연스럽게 쓸어치게 된다.

4) 스탠스가 지나치게 좁은 어드레스의 원인과 교정

드라이버도 스탠스가 좁은 어드레스에서 다운스윙을 하면 다운블로로 페이스 위쪽에 임팩트되고 볼이 오른쪽으로 휘어지는 구질이 늘어난다.

아이언 스윙에서 쉽게 다운블로하기 위해 스탠스가 좁은 습관에 의해 생긴 자세와 왼발로 체중 이동을 빠르게 하기 위한 상황.

다운 시 왼발로의 체중 이동이 지나치게 빨라져 찍어 치거나 오른쪽으로 휘어지는 구질이 늘어난다.

> 어드레스에서 스탠스가 지나치게 넓으면 왼발로의 체중 이동이 느려지고 반대로 상체로 스윙될 수 있어 구질과 비거리가 현저히 나빠질 수 있다.

드라이버 어드레스에서 스탠스의 폭은 어깨 넓이보다 조금 넓게 선다.

백스윙을 하게 되면 안정감이 있어 다운 시 왼발로 체중 이동이 느려지고 반대로 허리 턴이 빨라져 자연스럽게 쓸어 치게 된다.

5) 위크 그립의 원인과 교정

그립 시 오른손에 힘을 주기 위해 자신도 모르는 사이에 오른손이 왼손 위를 덮게 되면 스윙 중 상체를 많이 사용하게 되어 다운블로로 페이스 위쪽에 임팩트되고 볼이 오른쪽으로 휘어지는 구질이 늘어난다.

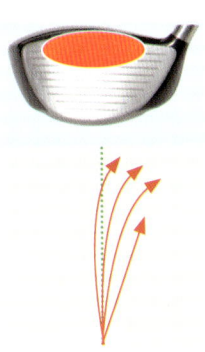

그립 시 오른손에 힘을 주기 위해 또한 페이스를 똑바로 놓기 위해 위크 그립을 잡게 된다.

스윙 중 오른손에 힘이 많으므로 다운 시 오른쪽 어깨가 덮어 찍어 치거나 손목 턴이 느려 볼이 오른쪽으로 휘어지는 구질이 늘어난다.

그립이 지나치게 오른쪽을 향하면 심한 인으로 볼에 접근하기 쉽고 손목 턴이 빨라져 훅이 나기 쉽다. 다운 시 자신의 허리 턴에 맞는 적절한 그립을 찾아야 한다.

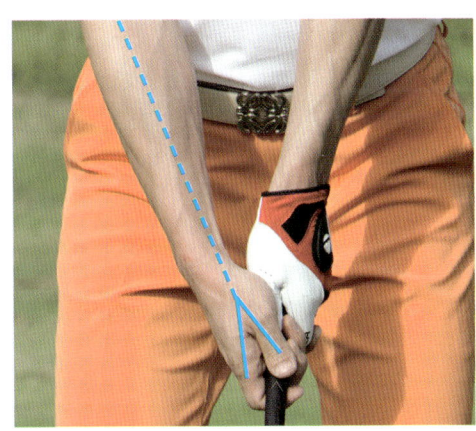

그립 시 V홈은 오른 귀와 어깨를 향하게 잡는다. 그러면 오른손목에 힘이 빠진다.

백스윙 시 오른쪽 팔꿈치가 몸을 보며 톱이 되고 다운 시 다시 오른쪽 팔꿈치가 오른쪽 옆구리를 스치고 내려오기 쉽고, 손목 턴도 빨라져서 쓸어 치는 스윙이 된다.

6) 어깨가 오픈된 어드레스의 원인과 교정

아이언보다 왼쪽에 위치한 볼에 클럽을 대고 어드레스하는 과정에서 자연스럽게 어깨가 오픈되는데, 다운스윙 시 다운블로되어 페이스의 위쪽에 임팩트되고 구질의 일관성이 없어진다.

어깨가 오픈된 자세에서 백스윙하면 업라이트한 톱이 되어 다운 시 찍어 치고 일관성 없는 구질이 발생한다.

그립이 너무 오른쪽을 향하면 너무 심한 인으로 볼에 접근하기 쉽고 손목의 턴이 빨라져 훅류가 나기 쉽다. 다운 시 자신의 허리 턴에 맞는 적절한 그립을 찾아야 한다.

볼이 왼발 쪽에 있어 클럽 헤드를 볼 뒤에 클럽 헤드를 대다 보면 어깨가 열려 어드레스된다. 또한 척추 각이 세워져 있으면 더 많이 오픈된다.

백스윙에서 약간 플랫한 톱을 만들어 쓸어 치는 스윙이 된다. 그러나 지나치게 톱이 낮아지면 스윙 시 지나치게 퍼 올려 뒤땅이나 토핑이 나므로 톱에서 적절한 어깨 위치를 항상 점검해야 한다.

드라이버 어드레스에서 어깨는 타깃을 향한다.

7) 스탠스가 오픈된 어드레스의 원인과 교정

다운 시 하체의 턴을 빠르게 하기 위해 과도히 준비되어 습관적으로 오픈되는 경우라 볼 수 있는데 다운스윙을 하면 다운블로로 되어 페이스의 위쪽에 임팩트되고 구질의 일관성이 떨어진다.

스탠스가 오픈된 자세에서 백스윙하면 어깨 턴이 줄어들어 업라이트한 톱이 되어 다운 시 찍어 치고 일관성 없는 구질이 발생된다.

스탠스가 지나치게 닫히면 백스윙이 지나치게 인으로 올라가고 다운 시 지나치게 심한 인으로 볼에 접근하기 쉬워 손목 턴이 빨라져 훅이 쉽게 난다.

다운 시 허리 턴이 좋아진다고 오픈 스탠스교정을 계속하면 점점 심하게 열린다.

백스윙에서 약간 플랫하게 백스윙되어 약간 플랫한 톱을 만들어 쓸어 치는 스윙이 된다.

드라이버 어드레스에서 스탠스는 타깃에 조금 오픈된다.

8) 척추와 손목의 각이 큰 어드레스의 원인과 교정

다운블로를 위한 아이언 어드레스가 습관이 되어 드라이버도 척추와 손목의 각이 많은 어드레스가 되는 경우로, 다운블로로 되어 페이스의 위쪽에 임팩트되고 구질의 일관성이 떨어진다.

클럽이 짧은 아이언 어드레스의 습관으로 인해 척추와 손목의 각이 큰 습관이 되어 드라이버로 연결된 자세

손목의 각이 많아 코킹이 잘되지만 척추의 각이 커 업라이트한 톱이 되어 다운 시 찍어 치고 구질의 일관성이 없어진다.

아이언보다 클럽이 긴 드라이버 어드레스는 척추와 손목의 각이 더 세워진다.

척추와 손목의 각이 지나치게 펴지면 코킹이 어려워지고 어깨 턴이 나빠져 토핑이나 심하면 생크가 쉽게 난다.

약간은 플랫하게 백스윙되어 플랫한 톱을 만들어 쓸어 치는 스윙이 된다.

9) 몸과 손의 간격이 좁은 어드레스의 원인과 교정

스윙 중 일체감을 갖기 위한 아이언 어드레스가 습관되어 드라이버도 몸과 손의 간격이 좁은 어드레스가 되는 경우로, 스윙 시 다운블로로 되어 페이스의 위쪽에 임팩트되고 구질의 일관성이 떨어진다.

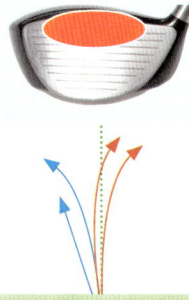

약간 아웃으로 백스윙 된다

아이언에 적절한 몸과 손의 간격이 습관 되어 드라이버 어드레스 시 양쪽 겨드랑이가 많이 붙어진다.

헤드가 볼에 아웃으로 접근하기 쉽다

몸과 손의 간격이 좁아 다운 시 다시 팔이 몸에 붙기 쉬워 하체 턴이 원활하지 않아 찍어 치고 구질의 일관성이 없어진다.

아이언은 정확성을 위해 손을 몸에 적절히 붙이고 드라이버는 비거리를 위해 몸과 팔의 자유로움을 위해 적절히 떨어져야 비거리와 정확성을 얻을 수 있다.

약간 인으로 백스윙 된다

드라이버는 비거리를 위한 클럽이므로 몸과 팔의 자유로운 움직임을 위해 몸에 손이 조금은 떨어진 어드레스가 이상적이다.

헤드가 볼에 인으로 접근하기 쉽다

백스윙 시 팔이 자유롭고, 다운 시 하체의 턴을 원활히 할 수 있고 하체 턴의 원심력에 의해 자연스럽게 쓸어 치는 스윙이 쉬워진다.

10) 어깨 턴이 적은 톱의 교정

(1) 어깨 턴이 적은 톱의 원인과 스윙 시 일어나는 현상

톱에서 어깨 턴이 적으면 손과 팔로 다운하기 쉬워 다운블로가 되기 쉬워 페이스의 위쪽에 임팩트 되고 구질의 일관성이 없어진다.

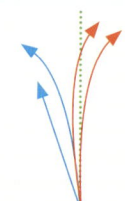

백스윙 시 어깨 턴이 적어지는 원인은 ① 어드레스에서 허리를 고정하고 백스윙하면 몸이 경직되어 어깨 턴이 적어지고 ② 손이나 팔로만 백스윙을 해서이며 ③ 백스윙 시 허리가 스웨이되어서다.

어깨 턴이 작아지면 손을 많이 사용하게 되어 업라이트한 톱이 되기 쉽다.

어깨 턴이 작아지는 가장 큰 원인은 백스윙 시 허리를 움직이지 않고 어깨 턴을 하려고 해서인데 허리를 잡으면 어깨 턴은 당연히 어렵다.

백스윙 시 허리를 잡으면 몸에 힘을 들어가 어깨가 경직되는 더 나쁜 자세를 유발하기도 한다.

업라이트한 톱에서 다운을 시작하면 상체가 타깃으로 나가기 쉽고 따라서 허리 턴이 어려워 손으로 찍어 주기 쉬워 페이스의 위쪽에 임팩트되고 구질의 일관성이 떨어진다.

(2) 드라이버의 톱에서 적절한 어깨 턴은

톱에서 충분한 어깨 턴은 다운 시 자연스럽게 좋은 임팩트 존을 만들 수 있고, 또한 턴 만큼이나 헤드 스피드를 얻을 수 있어 일석이조의 효과를 거둘 수 있다.

톱에서 어깨 턴은 약 100~130도 정도가 되어야 몸의 꼬임이 충분하여 다운에서 손과 팔의 사용보다 몸통의 움직임이 많아져 헤드 스피드가 빨라지며 자연스럽게 쓸어 치게 되고 어깨 턴이 충분한 톱에서 다운이 시작되면 클럽 헤드가 볼에 인에서 접근하기 쉬워져 방향과 비거리도 좋아진다.

(3) 어깨 턴이 적은 톱을 위한 교정

① 허리를 잡지 않고 어깨 턴을 하자

허리를 최대한 고정하고 어깨 턴을 하는 것은 매우 어렵다. 왜냐하면 허리를 고정한다는 생각만으로도 어깨까지 경직되기 때문이다. 허리는 골퍼들의 유연성 정도에 따라 어깨에 따라 돌아가야 자연스런 스윙의 움직임이 되어 좋은 구질과 일관성을 보장한다.

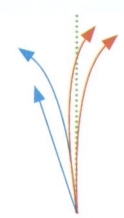

골퍼는 허리를 완전히 풀고 보조자가 양쪽 어깨를 잡고 돌려 보면 오른 허리는 옆으로 밀리지 않고 어깨를 따라 돌아간다.

허리를 잡지 않고 부드럽게 풀어 주고 백스윙을 어깨로 돌려 주면 어깨에 힘이 빠져 어깨 턴도 커지고 어깨에 따라 허리가 돌아 스웨이도 자연스럽게 없어져 일거양득이 된다.

② 손목의 코킹보다 어깨 턴으로 백스윙을 시작하자

아이언 백스윙은 어깨 턴 뒤 바로 손목 코킹을 시작하고, 드라이버는 어깨 턴으로 클럽 헤드를 백스윙한다. 헤드가 오른발을 빠져나가면서 손목 코킹을 이용하여 톱을 완성하면 궤도가 약간 플랫해지고 어깨 턴이 커져 자연스럽게 쓸어 치는 스윙이 된다.

백스윙을 어깨 턴으로 시작하면 클럽 헤드가 바닥을 쓸어 치며 빠진다. 어깨 턴으로 클럽 헤드를 타깃 반대 방향으로 밀어 주는 것이 백스윙의 시작이다.

어깨 턴으로 클럽 헤드가 바닥을 스치며 백스윙하면 손목 코킹으로 클럽 헤드를 꺾어 올리며 팔을 접으면 원이 큰 톱을 완성하면 어깨 턴은 커진다.

③ 머리가 오른쪽으로 이동되며 백스윙해 보자

백스윙을 할 때 머리를 고정하면 어깨가 경직되고 허리의 스웨이가 쉬워져 어깨 턴이 작아지므로 백스윙 중 머리를 고정해야 한다는 생각을 잊어버리는 것이 교정 방법이다.

백스윙을 하며 어깨가 턴 될 때 머리를 지나치게 고정하지 않으면 자연스럽게 톱까지 머리의 1/2 정도가 따라가며 턴 되며 허리도 옆으로 밀리지 않고 턴 어깨를 따라 턴 된다. 따라서 어깨 턴은 커진다.

④ 허리를 돌리며 어깨 턴을, 왼발뒤꿈치를 들며 어깨 턴을 해 보자

어깨 턴은 매우 중요하므로 골퍼의 몸과 유연성에 관계없이 어깨 턴을 방해하는 요소를 모조리 없애 버리면 자연스럽게 어깨 턴이 커져 좋은 임팩트 존과 헤드 스피드를 얻을 수 있어 비거리와 함께 방향과 일관성을 얻을 수 있다. 그러나 갑자기 어깨 턴이 커지면 스윙의 리듬이 달라지므로 처음에는 토핑이 날 수도 있으나 오래 되지 않아 보상으로 거리와 함께 방향과 일관성을 얻을 수 있다.

오랜 습관이나 유연성 부족 또는 상체가 짧은 골퍼는 어깨 턴을 하면서 허리도 같이 돌려 주면 충분한 어깨 턴이 가능해 자연스럽게 쓸어 치는 스윙이 되며, 비거리도 얻을 수 있다.

오랜 습관이나 유연성 부족 또는 상체가 짧은 골퍼는 어깨 턴을 돕기 위해 백스윙 시 왼발 뒤꿈치를 살짝 들어 주면 충분한 어깨 턴이 된다.

11) 업라이트한 톱의 교정

(1) 업라이트한 톱의 원인과 스윙 시 일어나는 현상

톱이 업라이트해지면 생기는 현상은 팔이 높아 중력이 커져 볼에 떨어지는 힘이 강해져 쓸어 치는 사이드블로보다 다운블로가 쉽게 이루어지고 다운 시 하체의 턴이 느리면 볼에 아웃-인으로 접근하기 쉬워 페이스의 위쪽에 임팩트되고 구질의 일관성이 없어진다.

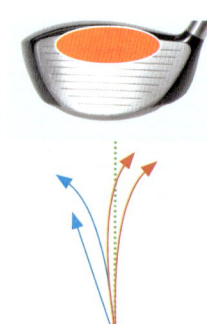

볼에 헤드가 아웃에서 접근하기 쉽다

업라이트한 톱이 되는 원인은 ① 백스윙 시 손목 코킹이 빨리 이루어지고 ② 오른손 그립이 워크 그립이며 ③ 백스윙 시 클럽 헤드를 지나치게 아웃으로 빼서이고 ④ 어드레스 시 어깨나 스탠스가 열려서이며 ⑤ 팔로만 백스윙하여 어깨 턴이 지나치게 작기 때문이라고 볼 수 있다. 그리고 업라이트한 톱이 좋다고 생각하기 때문이기도 하다.

허리보다 손이 많이 사용된다

높은 톱에서 다운을 시작하면 중력에 의하여 클럽 헤드가 볼에 쉽게 떨어지고 다운에서 허리 턴보다 손이 많이 쓰여져 페이스의 위쪽에 임팩트되고 구질의 일관성이 떨어진다.

(2) 드라이버의 톱에서 적절한 왼팔의 위치는

톱에서 클럽의 높이는 자신의 오른쪽 어깨를 가리는 정도가 적절하다. 골퍼마다 팔 길이가 다르므로 오른팔의 구부림 정도로 기준을 삼기가 어렵다. 왼팔의 높이는 일정한 위치를 제공하여 일정한 샷을 가능하게 한다.

톱에서 왼팔의 위치는 오른쪽 어깨를 가로질러야 한다. 그래야 하체의 턴으로 다운하면 원심력에 의해 자연스럽게 볼에 헤드가 적절한 인으로 접근하여 일관된 임팩트와 좋은 구질이 발생한다.

(3) 업라이트한 톱의 교정

① 적절한 척추의 각을 만들고 스윙해 보자

아이언의 어드레스가 몸에 배어 드라이버도 척추의 각이 적은 어드레스를 하게 되거나 스윙 타법에 따른 척추 각의 정도를 알지 못하는 경우라 볼 수 있다.

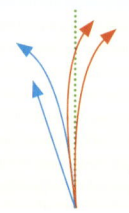

어드레스 시 척추의 각이 지나치게 서 있으면 백스윙에서 어깨 턴이 적어지고 허리 스웨이가 쉬워지며 업라이트해져 다운 시 상체가 타깃으로 나가기 쉬워 찍어 치는 스윙이 되기 쉽다.

어드레스에서 오른손을 허리에 올리고 왼쪽으로 살짝 밀어 준다. 이때 척추 각은 6~8도 정도가 적당하다.

적절하게 기울어진 어드레스에서 백스윙하게 되면 백스윙이 약간 플랫해지고, 톱에서도 자연스럽게 척추 각이 어드레스와 같이 기울어진다. 따라서 다운 시 머리가 볼 뒤에 있어 자연스럽게 쓸어 치게 된다.

② 적절한 어깨와 스탠스를 만들고 스윙해 보자

아이언보다 왼쪽에 위치한 볼에 클럽을 대고 준비하는 과정에서 자연스럽게 어깨와 스탠스가 오픈되거나, 오픈 스탠스의 장점만 생각하게 되어 만들어진 상황이다.

어깨나 스탠스가 지나치게 오픈된 자세에서 백스윙하면 어깨 턴이 어려워 업라이트한 궤도가 되고 업라이트한 톱이 되어 다운 시 찍어 치기 쉬워진다.

드라이버 어드레스에서 어깨와 스탠스가 타깃을 향하면 약간 플랫한 백스윙이 되어 왼팔이 오른쪽 어깨에 이르는 톱을 만들어 쓸어 치는 스윙이 된다.

스탠스에 클럽을 놓고 숙달한다. 어깨는 스탠스에 맞추어 어드레스한다.

③ 스트롱 그립으로 스윙해 보자

과도한 위크 그립은 그립 시 오른손에 힘을 주기 위해 자신도 모르는 사이에 오른손이 왼손 위를 덮게 되어 스윙 중 상체를 많이 사용하게 하여 임팩트가 나빠지기 쉽다.

아웃으로 빠지기 쉽다

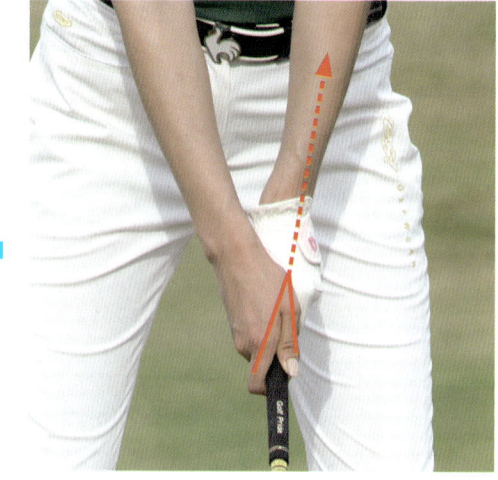

위크 그립을 잡으면 오른쪽 팔꿈치에 힘이 들어가고 따라서 오른쪽 팔꿈치가 몸에서 벌어지며 백스윙되기 쉽다.

백스윙에서 오른쪽 팔꿈치가 밖으로 벌어져 몸 밖으로 빠지기 쉬워 업라이트한 톱이 되므로 다운 시 찍어 치기 쉬운 스윙이 된다.

인으로 빠지기 쉽다

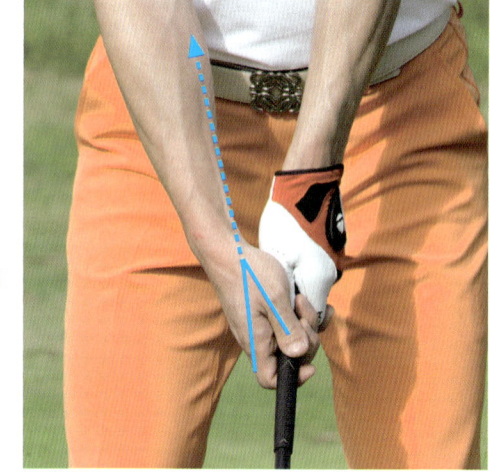

스트롱 그립을 잡고 백스윙을 하면 오른쪽 팔꿈치에 힘이 빠지며 적절한 톱 위치로 올리기 쉬워진다.

백스윙에서 오른쪽 팔꿈치에 힘이 빠져 팔꿈치가 모아지며 몸 안으로 올라가 약간은 플랫한 톱이 되어 쓸어 치기 쉬운 스윙이 된다.

④ 샤프트의 각도로 원을 그리며 백스윙하자

테이크 백을 타깃의 반대 방향으로 지나치게 똑바로 길게 빼며 백스윙을 하면 업라이트한 톱이 되어 다운 시 볼에 찍어 치며 임팩트되기 쉬워지므로 교정은 간단하게 보이지만 기울어진 샤프트의 방향으로 테이크 백하며 원을 그리면 백스윙 시 생각이 줄어들고 자연스럽게 톱에서 왼팔이 낮아져 쓸어 치는 스윙이 된다.

③ 약간의 인을 생각하여 장기적으로 백스윙을 하다 보면 심하게 플랫한 백스윙이 되기도 한다.

① 백스윙의 아크를 크게 하기 위해 지나치게 똑바로 길게 빼게 되면 업라이트한 톱이 되기 쉬워 찍어 치는 스윙이 되기 쉽다.

② 샤프트의 기울기에 맞춰 어깨와 손목의 코킹으로 백스윙해 보면 헤드는 똑바로 빠지는 것이 아니라 약간은 인으로 올라간다.

⑤ 어깨 턴으로 백스윙하자

팔과 손으로 백스윙을 시작하면 업라이트한 톱이 되어 다운 시 볼에 찍어 치며 임팩트되므로 어깨 턴으로 테이크 백을 시작하면 적절한 톱이 된다.

테이크 백을 손목 코킹으로만 하게 되면 클럽 헤드가 빠르게 들리게 되어 업라이트한 톱이 되기 쉬워 찍어 치는 스윙이 되기 쉽다.

테이크 백을 어깨 턴으로 시작하면 클럽 헤드가 바닥을 쓸어 치며 빠진다. 결국 어깨 턴으로 클럽 헤드를 타깃 반대 방향으로 밀어 주는 것이 백스윙의 시작이 된다.

이 밖에도 업라이트한 톱이 되는 자세도 많지만 근본적으로 업라이트한 톱이 더 좋은 스윙 자세라고는 믿음에서 만들어지기도 한다.

이와 같이 톱에서 적절한 왼팔의 위치는 다운 시 자연스럽게 좋은 임팩트 존을 만들므로 매우 중요하다. 그러나 오랜 잘못된 습관에 의해 톱이 지나치게 높아 고생한다면 생각을 바꾸어야 한다. 생각이 바뀌어야 몸이 바뀐다.

어깨 턴으로 클럽 헤드가 바닥을 스치고 백스윙되면 손목의 코킹으로 클럽 헤드를 꺾어 올리며 팔을 접어 톱을 완성하면 어깨 턴은 커지고 약간은 플랫한 톱이 이루어진다.

12) 클럽 샤프트가 왼쪽을 향한 톱의 교정

(1) 클럽 샤프트가 왼쪽을 향한 톱의 원인과 스윙 시 일어나는 현상

톱에서 클럽 샤프트가 타깃 왼쪽을 향한 상황에서 다운이 시작되면 팔과 손목, 클럽 원심력에 의해 클럽 헤드가 볼에 아웃-인으로 접근하기 쉬워 페이스 위쪽에 임팩트되고 구질의 일관성이 떨어진다.

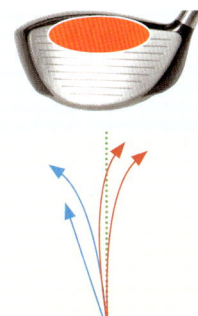

샤프트가 왼쪽을 향한 톱이 되는 원인은 크게 ① 위크 그립을 잡아서 백스윙을 하면 손목 턴에 의해서이고 ② 백스윙 시 어깨 턴이 적어서이며 ③ 오른쪽 팔꿈치를 지나치게 조여서이다.

샤프트가 왼쪽을 향한 톱에서 다운을 시작하면 하체의 원심력에 의해 클럽 헤드가 볼에 아웃에서 접근하기 쉽다.

볼에 아웃으로 접근하며 허리 턴보다 상체가 타깃으로 나가기 쉬워 찍어 치고 페이스의 위쪽에 임팩트되고 구질의 일관성이 없어진다.

(2) 드라이버의 톱에서 적절한 샤프트의 방향은

톱에서 왼쪽을 향하는 샤프트의 방향은 볼에 다운블로로 클럽 헤드가 접근하기 쉽고, 반대로 샤프트가 오른쪽을 향하는 톱은 볼에 과도한 어퍼블로로 클럽 헤드가 접근하기 쉬우므로 톱에서 적절한 샤프트의 방향은 타깃을 향해야 한다.

톱에서 샤프트의 방향은 타깃 방향을 향해야 한다. 그래야 다운 시 하체 턴의 원심력에 의해 클럽 헤드가 볼에 스퀘어로 접근하고 쓸어 치기 쉬워지기 때문이다. 그러나 과도하게 오른쪽을 향하면 다운 시 원심력에 의해 지나치게 인으로 접근하고 심한 어퍼블로가 되기 쉽다.

(3) 샤프트가 왼쪽을 향하는 톱의 교정

① 스트롱 그립 잡기(워크 그립의 교정)

워크 그립을 할 때 오른손에 힘을 주기 위해 자신도 모르게 오른손이 왼손을 덮음으로써 백스윙 중 손목 턴이 많아져 톱에서 샤프트가 왼쪽을 향하기 쉬워 다운스윙에서 다운블로로 임팩트되기 쉬워진다.

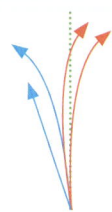

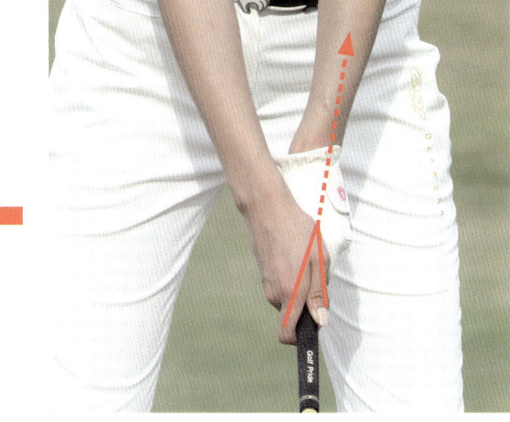

워크 그립을 잡은 상태에서 백스윙을 하면 오른팔에 힘이 많아지고 손목 턴이 되며 올라가기 쉽다.

백스윙에서 오른쪽 팔꿈치를 지나치게 모으면 손목이 턴되어 페이스가 열리며 톱에서 샤프트가 타깃보다 왼쪽을 향한다.

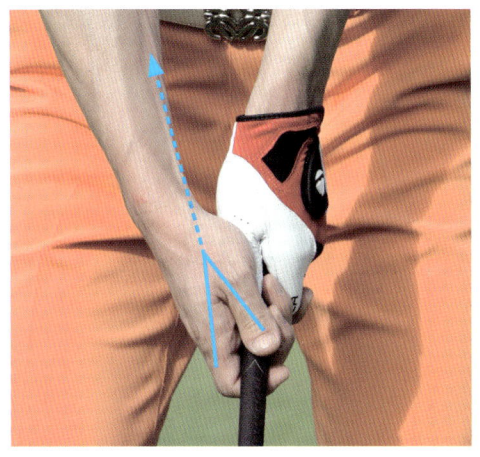

스트롱 그립을 잡고 백스윙을 하면 오른팔에 힘이 빠져 적절한 톱 위치로 올리기 쉬워진다.

백스윙에서 손목의 힘이 빠져 올라가면 어깨 턴도 좋아져 자연스럽게 샤프트는 타깃을 향한다.

② 손보다 어깨 턴으로 백스윙을 시작하자

팔과 손으로 백스윙을 시작하면 어깨 턴이 작아 톱에서 샤프트는 왼쪽을 향하기 쉬우므로 어깨 턴으로 테이크 백을 시작하면 어깨 턴이 커져 샤프트는 타깃이나 약간은 오른쪽을 향하게 되어 쓸어 치는 임팩트가 되기 쉬워진다.

백스윙 시 허리를 잡거나 손으로 하게 되면 어깨 턴이 작아져서 샤프트가 왼쪽을 향한다.

샤프트가 왼쪽을 향하게 되면 다운 시 하체 턴의 원심력에 의해 볼에 아웃-인으로 접근하며 찍어 치는 스윙이 된다.

백스윙을 손이 아니라 어깨 턴으로 시작하면 톱에서 충분한 어깨 턴에 의해 샤프트는 타깃을 향한다.

샤프트가 타깃을 향하면 다운 시 하체 턴의 원심력으로 볼에 인으로 접근하며 쓸어 치는 스윙이 된다.

13) 머리가 타깃으로 나가는 다운의 전환

(1) 머리가 타깃으로 나가는 다운의 전환의 원인과 스윙 시 일어나는 현상

다운에서 타깃으로 머리가 나가면 생기는 현상은 머리와 가장 가까운 어깨가 타깃으로 나가면서 클럽 헤드가 볼에 볼에 아웃으로 접근하기 쉬워 페이스 위쪽에 임팩트되고 구질의 일관성이 없어진다.

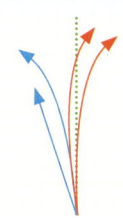

다운 시 머리가 타깃으로 나가며 다운의 전환이 되는 원인은 크게 ① 어드레스 시 척추의 각이 작거나 ② 어드레스 시 왼발에 체중이 많거나 ③ 어깨 턴이 작거나 ④ 스웨이가 된 톱이 되거나 ⑤ 척추의 각이 적은 톱이 되거나 ⑥ 다운 시 왼발로 체중 이동이 느리거나 ⑦ 다운을 어깨로 시작해서이고 ⑧ 다운 시 왼쪽 겨드랑이를 지나치게 조여서이기도 하다.

다운 시 머리가 타깃으로 움직이면 어깨가 앞으로 덮여 클럽 헤드가 볼에 아웃에서 접근하기 쉽다.

볼에 아웃으로 접근하며 허리 턴보다 상체가 타깃으로 나가 찍어 치고 페이스의 위쪽에 임팩트되고 구질의 일관성이 없어진다.

131

(2) 드라이버의 적절한 다운의 전환은

다운의 전환을 하체로 시작하면 자연스럽게 상체가 볼 뒤쪽에 남게 되어 클럽 헤드가 볼에 적절한 인 으로 접근하기 쉬워지고 또한 쓸어 치며 사이드 또는 약간의 어퍼블로로 임팩트되기 쉽다.

다운의 전환은 스윙 중 가장 중요한 순간인 만큼 가장 어려운 기술이라고도 할 수 있다. 백스윙은 어깨-손-팔로 시작되고, 다운은 발-다리-허리로 시작해야 하므로 기술적으로 조금은 어려워지지만 이렇게 다운을 하체로 시작하면 스윙 중 많은 근육을 사용하게 되어 비거리가 향상된다. 그리고 다운을 하체로 시작하게 되면 상체가 타겟으로 나가지 않아 좋은 임팩트 존의 궤도에 의해 방향이 좋아진다.

(3) 머리가 타깃으로 나가는 다운의 전환의 교정

① 적절한 척추의 각을 만들자

일반적으로 아이언 어드레스가 몸에 배어 드라이버도 척추의 각이 작은 어드레스가 되거나 스윙의 타법에 따른 척추 각의 정도를 알지 못하는 경우라 볼 수 있다.

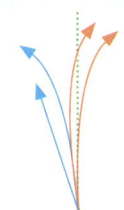

① 드라이버 어드레스 시 볼이 왼발 뒤꿈치에 위치함에 따라 클럽을 볼 뒤에 정렬하기 위해 상체가 따라간 상황 ② 아이언 스윙 시 다운블로(찍어치기)를 쉽게 하기 위해 어드레스에서 척추의 각을 세우는 습관에 의해 생긴 상황이다.

적절하게 기울어진 어드레스에서 백스윙을 하게 되면 궤도가 약간은 플랫해지고 자연스럽게 톱에서도 척추의 각이 어드레스와 같이 기울어진다.

따라서 다운 시 상체보다 하체가 먼저 시작하기 쉬우므로 임팩트에서 머리가 볼 뒤에 있게 되어 자연스럽게 쓸어 치게 된다.

② 어깨 턴을 충분히 하자

톱에서 어깨 턴이 작으면 손과 팔로 톱이 만들어진 상태이므로 다시 손과 팔로 다운하기 쉬워 상체가 타깃으로 나가 다운블로가 되므로 반대로 백스윙 시 어깨 턴이 많아지면 쓸어 치는 임팩트가 되며 또한 손과 팔을 적게 사용하게 되어 일관성도 좋아진다.

어깨 턴이 작은 톱이 되면 손으로 백스윙을 했으므로 다시 어깨나 손으로 다운을 하게 되고 머리가 타깃으로 쉽게 나가 찍어 치기 쉬워진다.

충분한 어깨 턴이 된 톱에서 어깨는 볼 뒤에 위치하게 되고 다운이 시작되면 스프링처럼 턴이 된 몸통의 꼬임에 의해 하체의 다운이 쉬워진다.

하체의 턴으로 다운을 시작하면 하체의 움직임이 많아져 머리가 타깃으로 나가지 않아 쓸어 치는 스윙이 된다.

③ 정확한 허리의 움직임을 만들자

톱에서 허리가 옆으로 밀리면 다운 시 왼발로 체중의 이동이 어려워 상체가 타깃으로 나가기 쉬워져 다운블로가 되므로 톱에서 스웨이되지 않는 올바른 허리의 움직임을 만들어 보자.

허리가 스웨이된 톱이 되면 어깨 턴이 작아지고 톱에서 척추의 각이 지나치게 서 있어 다운 시 머리가 타깃으로 쉽게 나가 찍어 치기 쉬워진다.

허리가 잘 꼬인 톱에서 다운이 시작되면 스프링처럼 턴이 된 몸통의 꼬임과 약간 오른쪽으로 기울어진 척추의 각에서 다운이 시작된다.

다운이 손보다 하체의 턴과 기울어진 척추의 각에서 시작되면 하체가 먼저 다운을 시작하기 쉬워 머리가 타깃으로 나가지 않아 쓸어 치는 스윙이 되기 쉽다.

④ 다운의 전환을 하체로 시작해 보자

아래 사진과 같이 옆에서 상체를 밀면 넘어지지 않으려고 하체를 반대로 보내며 버티고, 하체를 밀면 상체를 반대로 보내며 버티게 되는 것이 우리 몸의 균형 감각인 것이다.

이와 같이 상체를 많이 사용해 다운 시 상체가 타깃으로 나가 찍어 치는 문제가 있는 골퍼는 다운 시 하체를 먼저 보내면 상체가 자연스럽게 남아 쓸어 친다는 원리를 이해해야 한다.

상체를 타깃으로 밀어 보면 넘어지지 않으려고 상체가 밀리는 만큼 하체를 반대로 보내어 중심을 잡는다.

반대로 하체를 타깃으로 밀어 보면 넘어지지 않으려고 하체가 밀리는 만큼 상체를 반대로 남겨 중심을 잡는다.

이렇게 다운의 전환을 하체로 시작하면 스윙 시 ① 많은 근육량을 사용하여 최대의 비거리를 낼 수 있고 ② 큰 근육을 사용함으로써 손의 감각에만 의존하지 않고 몸통의 움직임으로 스윙이 가능해 일관성을 동시에 가질 수 있다.

⑤ 다운의 전환을 오른발을 옆으로 드는 것으로 시작해 보자

톱에서 적절한 척추의 각, 어깨 턴, 허리 턴이 만들어지면 자연스럽게 하체로 다운의 전환이 가능하다. 또한 백스윙을 어깨 턴으로 했으니 다운을 어깨 턴으로 한다는 생각을 바꾼다. 이러한 상황에서 타깃과 가까운 하체가 다운의 시작을 쉽게 할 수 있다.

다운의 전환을 어깨나 손으로 시작하기 전에 오른발 옆 뒤꿈치를 들어 주면 손이나 어깨를 쓰기 전 왼발로 체중이 이동되며 상체보다 하체가 먼저 시작되므로 머리가 타깃으로 나가지 않게 되어 쓸어 치는 스윙이 된다. 이때 볼을 보며 오른발 뒤꿈치를 들어야 한다.

⑥ 다운의 전환을 허리 열기와 왼발 차기로 시작해 보자

다운의 전환을 왼쪽 허리를 열어 주는 것으로 시작한다. 그러면 손이나 어깨를 쓰기 전 왼발로 체중이 이동되며 상체보다 하체가 먼저 시작되므로 머리가 타깃으로 나가지 않게 되어 쓸어 치는 스윙이 된다. 이때 볼을 보며 허리를 열어야 한다.

다운의 전환을 왼발로 바닥을 차 주는 것으로 시작하면 손이나 어깨를 쓰기 전 왼발로 체중이 이동되며 상체보다 하체가 먼저 시작되므로 머리가 타깃으로 나가지 않아 쓸어 치는 스윙이 된다. 이때 볼을 보며 왼발로 바닥을 차야 한다.

이 밖에도 다운에서 왼쪽 겨드랑이 풀어 주기와 다운에서 손목 턴으로 머리가 타깃으로 나가는 상황을 교정할 수 있는데 자세한 교정은 다음의 단락을 참조하면 된다.

14) 왼쪽 겨드랑이를 조이는 팔로우의 교정

(1) 왼쪽 겨드랑이를 조이는 팔로우의 원인과 스윙 시 일어나는 현상

다운 시 왼쪽 겨드랑이를 과도하게 조이면 비거리가 떨어지고 다운 시 조인 왼쪽 겨드랑이에 의해 상체가 타깃으로 나가기 쉬워 볼에 다운블로로 접근하여 페이스의 위쪽에 임팩트되고 볼이 오른쪽으로 휘어진다.

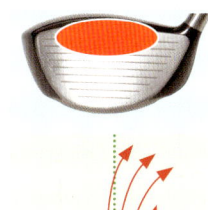

다운 시 왼쪽 겨드랑이를 조이며 다운의 전환이 되는 원인은 크게 ① 어드레스 시 척추를 세워 왼쪽 겨드랑이를 지나치게 붙이거나 ② 어드레스 시 왼팔과 손에 힘이 지나치게 많거나 ③ 다운 시 일체감을 위해 왼쪽 겨드랑이를 지나치게 조여서이기도 하다.

다운 시 왼쪽 겨드랑이를 지나치게 조이며 스윙하면 그 힘에 의해 왼쪽 어깨를 당기게 되고 왼쪽 어깨는 머리를 타깃으로 당겨 볼에 아웃으로 접근된다.

보통 다운스윙에서 왼쪽 겨드랑이 조여지고 당겨지는 것은 스윙을 왼팔로 해야 한다는 잘못된 생각에 의해서인데 스윙 중 왼팔은 방향을 오른팔은 동력을 내야 하므로 방향을 잡아야 하는 왼팔이 동력을 내려고 해서 잘못된 자세를 유발하므로 먼저 생각을 바꾸어야 스윙도 달라진다.

왼쪽 겨드랑이를 조이며 다운하면 허리 턴보다 상체가 타깃으로 나가 찍어 치며 페이스 위쪽에 임팩트되며 오른쪽으로 휘어진다.

(2) 드라이버의 적절한 팔로우는

드라이버 티샷에서 임팩트와 팔로우에서의 왼팔은 임팩트에서는 일체감을 위해 몸과 붙어 있지만 클럽 헤드의 가속에 의해 팔로우에서는 팔이 몸에서 타깃으로 떨어져 나가는 만큼 볼 앞을 클럽 헤드가 길게 빠져나가게 되어 임팩트 존이 좋고 길어져 비거리와 함께 방향과 일관성이 좋아진다.

일관성과 정확성을 요구하는 아이언은 양 겨드랑이의 적당한 조임을 느끼며 하는 스윙이 효과적이지만 비거리를 충분히 내야하는 드라이버는 조금은 느낌이 다르다. 몸통으로도 충분한 거리를 내야 하지만 손목 턴을 추가하여 모자라는 비거리를 충당해야 하므로 몸과 팔은 적절히 자유로워야 한다.

(3) 왼쪽 겨드랑이를 조이는 팔로우의 교정

① 어드레스에서 왼쪽 겨드랑이를 풀어 주고 스윙하자

임팩트 이후에는 왼쪽 겨드랑이가 떨어지며 팔로우된다는 마음으로 스윙하면 몸과 팔의 일체감이 조금은 떨어져 어색하므로 적응을 위해 연습이 필요하다.

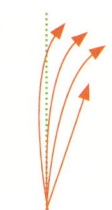

어드레스 시 몸과 손의 간격을 아이언보다 더 넓힌다. 그러므로 몸과 양 겨드랑이가 조여지지 않고 아이언보다 떨어지고 약간은 자유롭게 어드레스된다.

다운의 전환을 하체로 시작하면 왼쪽 겨드랑이를 조이는 것이 아니라 자연스럽게 왼쪽 겨드랑이는 몸에 붙어 내려오게 된다.

허리 턴과 팔과 손목 턴의 가속에 의해 몸에서 떨어지며 스윙된다.

② 손목 턴에 의한 원심력으로 왼쪽 겨드랑이를 풀어 주자

다운 시 손목 턴을 유도하면 어깨와 머리가 타깃으로 나가지 않게 되고 또한 손목 턴의 빠르기만큼 손목을 중심으로 원심력이 발생 되어 팔로우에서 왼팔이 떨어져 임팩트 존이 길어지고 드라이버 티샷에 적절한 쓸어 치는 스윙이 가능해진다. 그러나 허리 턴을 하지 않고 손목 턴만 하면 훅이 발생한다.

어드레스에서 왼쪽 겨드랑이를 조이지 않고 또한 왼손의 압력을 20~30%만으로 잡는다. 그리고 다운의 전환을 하체로 시작하면 왼쪽 겨드랑이를 조이는 것이 아니라 자연스럽게 왼쪽 겨드랑이는 몸에 붙어 내려오게 된다.

손목 턴이 시작된다

손목 턴으로 스윙이 되면 손목 턴에 의한 원심력이 발생되고 힘이 빠진 왼팔에 의해 몸에서 팔이 쉽게 떨어지고 따라서 머리가 타깃으로 나가지 않고 스윙되므로 쓸어 치는 스윙이 되기 쉽다.

③ 클럽 헤드를 볼에 임팩트하며 던져 주자

볼을 보고 클럽을 던지라는 말은 다운 시 어깨 턴보다 클럽 헤드를 타깃으로 먼저 보내라는 의미인데 그러면 임팩트 이후 클럽 헤드의 가속에 의해 어깨보다 클럽 헤드가 더 빠르게 타깃으로 나아가고 따라서 왼쪽 겨드랑이는 떨어진다.

하체가 먼저 다운을 시작하고 손을 이용해 클럽 헤드로 볼을 직접 때리는 느낌으로 지면을 쓸어 주며 임팩트 이후 더 가속한다.

다운의 가속으로 클럽 헤드와 두 손을 타깃으로 길게 뻗어 준다. 이때 상체가 타깃으로 딸려 갈 수 있으므로 클럽 헤드와 손이 몸을 다 빠져나갈 때까지 볼을 본다.

가장 중요한 점은 스윙 중 왼쪽 겨드랑이를 풀어 주기 위해 손목 턴과 손으로 클럽 헤드를 타깃으로 던지는 자세는 꼭 허리 턴과 함께 이루어져야 하는데 헤드를 던지는 스윙을 지나치게 열심히 연습하여 손으로만 스윙이 이루어지면 또 하나를 잃게 됨을 명심해야 한다.

손목 턴과 팔의 스윙에 의해 원심력이 커지므로 허리 턴으로 넘어지지 않고 안정되게 피니시한다. 이때 어깨보다 배가 타깃으로 더 나가 있어야 한다.

15) 손목 턴이 안 되는 팔로우의 교정

(1) 손목 턴이 안 되는 팔로우의 원인과 스윙 시 일어나는 현상

다운 시 손목 턴이 작아지면 어깨 턴이 많아져 머리와 상체가 타깃으로 나가게 되어 클럽 헤드가 볼에 다운블로로 페이스의 위쪽에 임팩트되고 볼이 오른쪽으로 휘어지는 구질이 늘어난다.

손목 턴이 안 되는 팔로우의 원인은 크게 ① 어드레스 시 왼팔과 왼손에 힘이 지나치게 많아서 ② 다운과 팔로우 시 어깨 턴이 지나치게 많아서 ③ 슬라이스 그립을 잡아서 ④ 다운을 왼팔로 지나치게 해서 ⑤ 다운 시 머리가 타깃으로 움직여서 ⑥ 팔로우 시 왼팔이 뒤로 빠져서가 대부분을 차지한다.

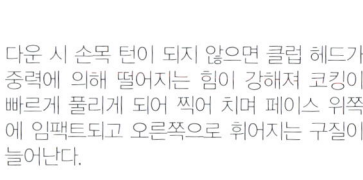

다운 시 손목 턴이 되지 않으면 클럽 헤드가 중력에 의해 떨어지는 힘이 강해져 코킹이 빠르게 풀리게 되어 찍어 치며 페이스 위쪽에 임팩트되고 오른쪽으로 휘어지는 구질이 늘어난다.

손목 턴이 안 되면 코킹이 풀려 찍어 친다

(2) 드라이버의 팔로우에서 적절한 손목 턴은

드라이버 티샷에서 임팩트와 팔로우에서의 손목 턴은 어드레스에서 그립의 V홈이 오른쪽으로 향할 수 록 손목 턴은 커지고 빨라지며 또한 허리 턴이 빠를수록 손목 턴도 빨라지고 커져야 한다.

다운 시 손목 턴은 백스윙 시 손목의 코킹과 함께 팔의 힘을 빠지게 하고 헤드 스피드를 높여 비거리를 내는데 매우 중요한 역할을 한다. 또한 그립의 V홈 방향에 따라 조금씩 다르지만 팔로우에서 클럽의 토우가 타깃을 향하도록 손목 턴이 되어야 쓸어 치는 스윙이 되고 방향도 좋아진다.

(3) 손목 턴이 적은 팔로우의 교정

① 어드레스에서 왼팔에 압력 줄이고 스윙하자

스윙 중 왼팔에 힘이 많으면 손목 턴이 느리고 오른팔에 힘이 많으면 손목 턴이 빨라지는데 그 이유는 그립을 왼손은 위에 오른손은 밑에 잡고 있으므로 왼팔에 힘이 많으면 그립 위쪽을 당기게 되어 손목을 돌릴 수 없게 되고 반대로 오른팔에 힘이 많으면 오른손이 그립의 밑을 잡고 있으므로 스윙 중 손목 턴은 빨라진다.

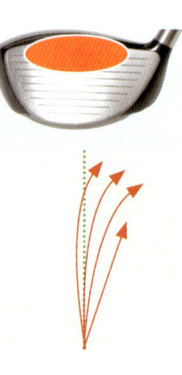

어드레스에서 왼손과 오른손 그립의 압력에 차이에 의해 스윙 중 손목 턴이 느려지거나 빨라지기도 한다.

손목 턴이 되면 오른팔이 뻗어진다

어드레스에서 왼손 그립의 압력이 강하면 손목 턴이 느려지고 찍어 치며 오른손 그립의 압력이 강하면 손목 턴이 빨라지고 쓸어 친다.

② 베이스 그립으로 스윙해 보자

열 손가락을 다 잡는 베이스 그립은 그립 밀착도가 우수하고 힘이 뛰어나며 두 손이 분리되어 있고 그립의 끝과 끝의 거리가 가장 넓어 스윙 중 손목 턴이 다른 그립에 비해 빨라진다.

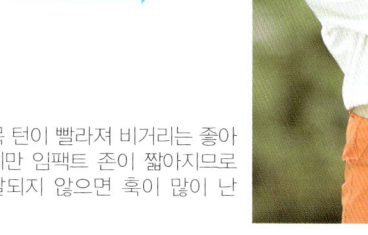

양손이 분리되어 있어 스윙 시 손목 턴이 빨라져 비거리가 늘고 쓸어 치는 스윙이 쉽다.

손목 턴이 빨라져 비거리는 좋아지지만 임팩트 존이 짧아지므로 숙달되지 않으면 훅이 많이 난다.

③ 스트롱 그립으로 스윙해 보자

그립 중 스트롱 그립이란 엄지와 검지가 이루는 V홈이 오른쪽 귀보다 오른쪽 어깨 쪽을 향하는 그립인데 이 V홈이 오른쪽을 향하게 잡을수록 손목의 힘이 빠지고 스윙 중 손목 턴은 빨라진다.

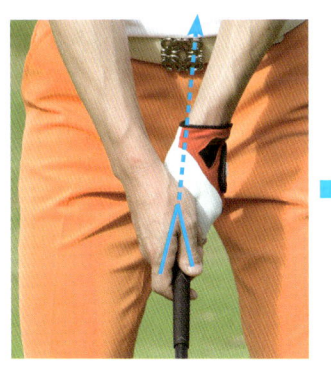

어드레스에서 페이스와 일치되게 오른손 V홈을 잡고 팔로우(오른손등이 정면을 향하게)해 보면 클럽 토우의 방향은 타깃을 향한다.

어드레스에서 페이스보다 오른쪽으로 오른손 V홈을 잡고 팔로우(오른손등이 정면을 향하게)해 보면 클럽 토우는 타깃 왼쪽을 향한다. 이것은 스윙 중 손목 턴이 빨라지는 것을 의미하는데 손목 턴이 느려 슬라이스가 나고 찍어 치는 골퍼가 스트롱 그립을 잡고 스윙을 하면 슬라이스와 찍어 치는 스윙이 교정된다.

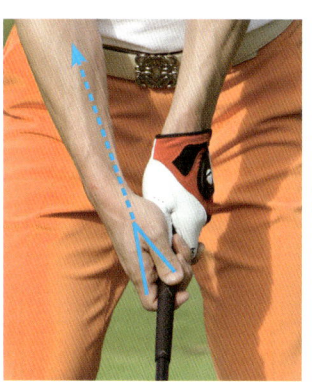

④ 다운에서 팔로우까지 머리를 고정하자

스윙 중 머리(축) 움직임이 적으면 머리가 팔로우에서 어깨 턴을 제한하므로 그립 아래위를 잡고 있는 손에 의해 손목 턴이 빨라진다.

다운 시 어깨는 허리와 팔이 펴지고 손목 턴이 이루어져 그의 가속으로 클럽 헤드가 몸통을 지나 타깃으로 빠져나간 뒤 따라가야 비거리와 방향을 얻을 수 있다.

다운 시 왼쪽 머리에 벽이 있다고 생각하면 머리가 타깃으로 나가지 않고 클럽 헤드와 허리만 타깃으로 보내면 다운 시 어깨 턴이 제한되고 반대로 손목 턴이 빨라지며 쓸어 치는 스윙이 된다. 느낌 만으로 교정되지 못한다면 원골프 교정 셋을 설치하면 쉽게 교정이 가능하다.

⑤ 팔로우 시 어깨를 잡고 팔만 보내라

팔로우에서 손목 턴이 쉽게 되려면 반대로 어깨 턴이 제한되어야 하는 왼손을 오른쪽 어깨에 대고 오른팔을 뻗고 손목 턴을 하며 팔로우해 보면 그 이미지를 느낄 수 있다. 이때 오른손을 팔로우할 때 오른쪽 어깨가 앞으로 나가면 임팩트와 방향을 함께 잃어버리게 된다.

왼손으로 오른쪽 어깨를 밀며 오른손을 타깃으로 보내는 팔로우

왼손으로 클럽을 세워 잡고 오른손을 왼팔 밑으로 타깃으로 보내는 팔로우

다운 시 어깨 턴을 제한하면 반대로 손목 턴이 빨라진다는 것을 느끼기 위해 왼손을 오른쪽 어깨에 대 놓고 오른손을 닫으며 타깃으로 보내는 연습을 해 보면 스윙 시 도움이 된다.

팔꿈치 벨트를 하고 스윙해 보자

팔로우에서 손목 턴이 느린 이유는 크게 ① **어드레스 시 왼팔과 왼손에 힘이 지나치게 많음** ② **다운과 팔로우 시 어깨 턴이 지나치게 많음** ③ **슬라이스 그립** ④ **다운스윙을 왼팔로 지나치게 함** ⑤ **다운 시 머리가 타깃으로 움직임** ⑥ **팔로우에서 왼팔이 뒤로 빠짐** 등을 들 수 있다.

양 팔꿈치에 벨트를 하고 스윙하면 약간은 강제적으로 확실히 교정이 가능해진다.

양 팔꿈치가 모이면 손목 턴이 쉬워진다

고무줄을 끼고도 어려우면 팔꿈치 벨트를 한다. 그러면 강제적으로 양 팔꿈치를 모으며 스윙을 하게 되어 스윙의 궤도가 좋아지고 팔에 힘이 빠지며 손목의 코킹과 손목 턴을 자연스럽게 할 수 있어 좋은 연습 방법이 된다. 다만 연습장에서 볼을 치면서 충분한 연습을 해야 실전에 적용할 수 있으므로 노력해야 한다.

3 임팩트와 구질 교정

1. 어드레스 시 잘못 놓인 볼 위치의 교정(아이언)

기본적인 스윙을 전제로 볼의 위치가 스탠스의 중앙을 기준으로 오른발 쪽은 다운블로, 중앙에서 왼발 쪽으로는 사이드블로, 왼발 뒤꿈치는 어퍼블로 스윙이 자연스럽게 구사되는 위치가 된다.

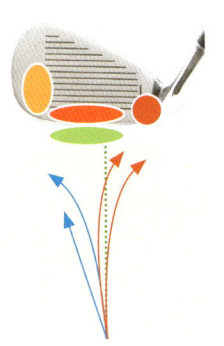

잘못 놓인 볼의 원인과 교정

볼을 띄우기 위해 볼을 왼쪽으로 위치하는데, 왼쪽에 있는 볼을 치기 위해 상체가 덮여지기 쉬워 스윙에 따라 페이스의 안쪽 또는 바깥에 임팩트되며 또한 뒤땅이나 토핑이 나고 심하면 생크를 내기도 한다. 그래서 일관성이 없는 구질이 많이 난다.

숏. 미들 아이언은 찍어 쳐야 실수를 줄일 수 있고 백스핀을 높여 그린의 공략이 쉬워지므로 볼의 위치는 양 발뒤꿈치의 중앙이나 약간 오른쪽에 위치해야 하고 또한 볼의 위치는 볼 탄도의 높낮이를 조절하는 역할을 한다. 그러나 처음 볼을 위치를 바꾸게 되면 어색해지므로 어느 정도 극복하는 시간이 필요하다.

2. 잘못된 척추 각의 어드레스 교정

기본적인 스윙을 전제로 척추의 각이 똑바로 세워지면 다운블로의 스윙이 되고, 척추의 각이 오른쪽으로 기울어질수록 사이드블로가 되고 더 심하게 기울어지면 어퍼블로 스윙이 자연스럽게 구사된다.

1) 잘못된 척추 각의 원인과 교정(드라이버)

볼을 지나치게 찍어 치거나 다운 시 머리가 타깃으로 나가는 교정을 지나치게 심하게 하거나 볼을 띄우려고 하면 척추의 각이 많아지게 된 상황

⬇

백스윙을 하게 되면 플랫한 톱이 된다. 따라서 다운 시 머리가 볼 뒤에 있어 쓸어 치고 심하면 뒤땅이나 토핑이 나며 페이스의 바깥에 임팩트되며 구질은 일관성이 떨어진다.

어드레스에서 척추의 각은 6~8도 정도가 적절하다.

⬇

적절하게 기울어진 어드레스에서 백스윙을 하면 궤도가 약간 업라이트해지며 톱에서도 척추의 각이 어드레스와 같이 약간 기울어진다. 다운 시 머리가 볼 뒤에 있어 자연스럽게 쓸어 치게 된다.

2) 잘못된 척추 각의 원인과 현상(아이언)

스윙 시 찍어 치기 쉽게 하기 위해 어드레스에서 척추의 각을 세우는 습관에 의해 생긴 상황

⬇

어드레스 시 척추의 각이 지나치게 서 있으면 업라이트한 톱이 되어 다운 시 쉽게 찍어 치지만 상체가 타깃으로 나가기 쉬워져 페이스의 안쪽에 임팩트되며 구질은 일관성이 떨어진다.

볼이 지나치게 찍어쳐 탄도가 낮거나 다운 시 머리가 타깃으로 나가는 교정을 지나치게 심하게 하면 척추의 각이 많아진 상황

⬇

백스윙을 하게 되면 플랫한 톱이 되고 다운 시 머리가 볼 뒤에 있어 쓸어 치고 심하면 뒤 땅이나 토핑이 나며 페이스의 바깥에 임팩트되고 구질은 일관성이 떨어진다.

3) 적절한 척추 각(아이언)

어드레스에서 앞에서 보는 척추의 각은 통상 드라이버는 약 6~8도 정도, 우드나 롱 아이언은 약 4~6도 정도, 미들 아이언은 약 3~5도 정도, 숏 아이언은 2~3도 정도라 볼 수 있다.
또한 척추의 각은 볼 탄도의 높낮이를 조절하는 역할을 한다.
척추의 각을 클럽에 따라 다르게 하는 이유는 각 클럽에 따라 쓸어 치거나 찍어 치는 등 타법이 다 다르기 때문이다. 어드레스에서 척추의 각은 스윙 타법에 큰 영향을 미친다.

① 어드레스에서 척추를 똑바로 하고 오른손을 허리에 올리고 왼쪽으로 살짝 밀어 준다. 이때 척추의 각은 클럽에 따라 2~5도 정도가 적절하며 왼발에 60% 오른발에 40%의 체중을 싣는다.

② 적절하게 기울어진 어드레스에서 백스윙을 하게 되면 톱에서도 척추의 각이 어드레스와 같이 살짝 기울어진다. 따라서 다운 시 자연스럽게 헤드가 인으로 접근하며 적절히 찍어 치며 임팩트 된다.

3. 체중 위치가 잘못된 어드레스의 교정

어드레스에서 체중의 분배는 스윙 중 타법에 영향을 준다. 왼발의 체중은 잔디에서 다운블로를, 오른발의 체중은 티 위에서 사이드블로나 어퍼블로를 자연스럽게 구사할 수 있게 한다.

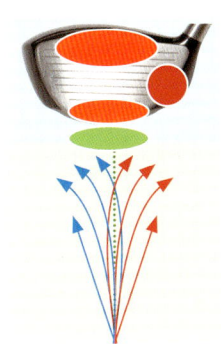

1) 체중의 위치가 잘못된 어드레스의 원인과 교정(드라이버)

드라이버 어드레스에서 체중의 분배가 오른 발에 많아야 된다고 하여 오른발에 과도히 많은 상황

⬇

톱에서 오른발에 체중이 과하게 많으면 다운 시 상체로 덮어 쳐 페이스 안쪽에 임팩트되거나 손으로만 스윙하여 뒤땅과 토핑이 나고 구질의 일관성이 떨어진다.

드라이버 어드레스에서 체중의 분배는 왼발에 40% 오른발에 60%의 체중이 적절하다.

⬇

백스윙을 하게 되면 어깨 턴이 좋아지며 따라서 다운 시 체중의 이동과 허리 턴이 좋아져 자연스럽게 쓸어 치게 된다.

2) 체중 위치가 잘못된 어드레스의 원인과 교정(아이언)

어드레스에서 앞에서 보는 체중의 정도는 통상 드라이버는 오른발에 약 55~60%, 우드나 롱 아이언은 오른발에 약 50%, 미들 아이언은 왼발에 약 55~60%, 숏 아이언은 왼발에 약 60~70%라고 볼 수 있다.

어드레스에서 볼을 띄우려고 하여 왼발에 40% 오른발에 60% 이상의 체중을 실어 주는 상황

톱에서 오른발에 체중이 과하게 많으면 다운 시 상체로 덮어 쳐 페이스 안쪽에 임팩트되거나 손으로만 스윙하여 뒤땅과 토핑이 나고 구질의 일관성이 떨어진다.

어드레스에서 체중의 분배는 왼발에 60% 오른발에 40%의 체중이 적절하다.

백스윙을 하게 되면 오른발에 체중이 적절하게(약 60%) 이동되므로 다운 시 왼발로의 체중의 이동이 빨라져 자연스레 찍어 치는 스윙이 된다.

4. 스탠스 폭이 잘못된 어드레스의 교정

어드레스에서 적절한 스탠스의 폭은 스윙 중 체중 이동과 허리 턴을 자연스럽게 유도하며 다운블로나 어퍼블로 타법을 자연스럽게 만들고, 고속으로 회전하는 몸을 안정적으로 중심을 잡아 준다.

1) 스탠스의 폭이 잘못된 어드레스의 원인과 교정(드라이버)

쓸어 친다

스탠스가 넓으면 스윙 시 안정되고 비거리가 좋아진다는 생각과 이론에 의해 지나치게 넓어진 상황

다운 시 스탠스가 지나치게 넓어 왼발로 체중 이동이 어려워 상체로 덮어쳐 페이스의 안쪽에 임팩트되거나 손으로만 스윙 되어 뒤땅이나 토핑이 나고 구질은 일관성이 떨어진다.

드라이버 어드레스에서 스탠스의 폭은 어깨 넓이보다 넓게 선다.(아이언보다 넓어진다.)

백스윙을 하게 되면 안정감 있고 따라서 다운 시 허리 턴과 왼발로 체중의 이동이 적절해져 자연스럽게 쓸어 치게 된다.

157

2) 스탠스의 폭이 잘못된 어드레스의 원인과 현상(아이언)

아이언 스윙 시 다운블로(찍어 치기)를 쉽게 하기 위해 어드레스에서 스탠스가 좁은 습관에 의해 생긴 상황

⬇

다운 시 왼발로의 체중 이동이 지나치게 빨라져 지나치게 찍어 치며 토핑이 나고 페이스의 바깥쪽에 임팩트되어 오른쪽으로 휘어지는 구질이 발생한다.

스탠스가 넓으면 스윙 시 안정되고 비거리가 좋아진다는 생각과 이론에 의해 지나치게 넓어진 상황

⬇

다운 시 스탠스가 지나치게 넓어 왼발로 체중의 이동이 어려워 상체로 덮어쳐 페이스의 안쪽에 임팩트되거나 손으로만 스윙 되어 뒤땅이나 토핑이 나고 구질은 일관성이 떨어진다.

3) 적절한 스탠스 폭의 어드레스(아이언)

어드레스에서 앞에서 보는 스탠스의 폭은 일반적으로 드라이버는 발이 어깨 넓이보다 넓게, 우드·롱 아이언·미들 아이언·숏 아이언은 어깨 넓이 정도라고 볼 수 있다. 그 이유는 드라이버는 다운 시 하체의 턴이 빨라져 쓸어 쳐야 하므로 스탠스가 넓어져야 하고, 아이언은 다운 시 체중의 이동이 좋아져 찍어 쳐야 하므로 스탠스가 좁아져야 하기 때문이다. 결국 각각의 클럽에 따라 쓸어 치거나 찍어 치는 등 타법이 다 다르기 때문에 스탠스의 폭도 달라져야 한다.

어드레스에서 스탠스의 폭은 어깨 넓이 정도가 적절하다.(드라이버보다 좁아진다.)

백스윙을 하면 안정감 있고 따라서 다운 시 왼발로 체중 이동이 적절하게 빨라지며 자연스럽게 찍어 치는 스윙이 된다.

5. 잘못 잡은 그립의 교정

그립이 잘못되면 스윙 중 몸통과 팔, 클럽의 일체감이 떨어지고 임팩트에서 페이스가 닫히거나 열리며 손목의 움직임을 나쁘게 하여 임팩트와 구질의 일관성이 떨어진다.

1) 잘못 잡은 그립의 원인과 교정(아이언&드라이버)

아웃으로 접근이 쉬워진다

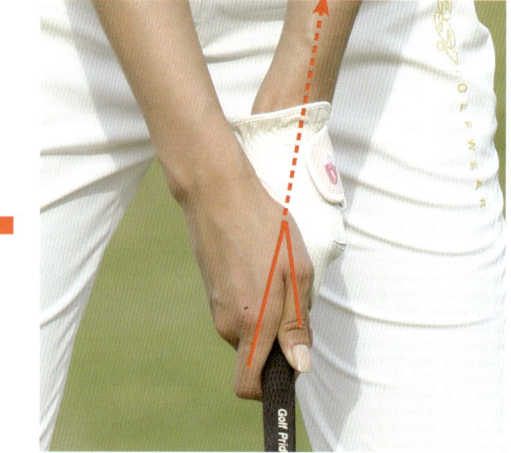

그립 시 오른손에 힘을 주기 위해, 그리고 페이스를 똑바로 놓기 위해 잡은 위크 그립. 스윙 중 오른손에 힘이 많으므로 다운 시 오른쪽 어깨가 덮여 클럽이 볼에 아웃으로 접근하기 쉬워 페이스의 안쪽에 임팩트되고 뒤땅을 동반하며 손목 턴이 느려 오른쪽으로 휘어지는 구질이 많이 발생한다.

인으로 접근이 쉬워진다

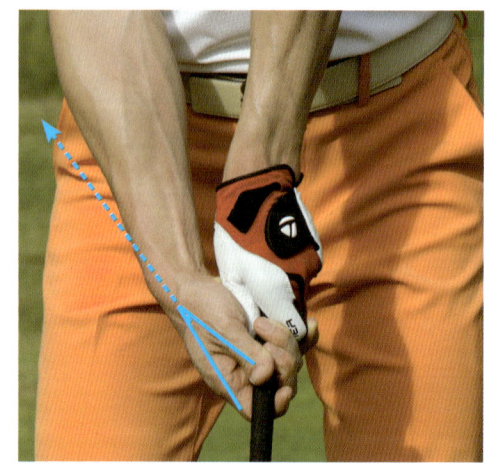

위크 그립을 교정 또는 비거리를 내려고 V홈을 오른쪽으로 돌리다 보면 지나치게 과해진 그립. 스윙 시 오른쪽 팔꿈치가 몸에 지나치게 붙어 클럽 헤드가 볼에 심한 인으로 접근하여 페이스 바깥쪽에 임팩트되고 심하면 뒤땅. 토핑을 동반하며 손목 턴이 빨라 왼쪽으로 휘어지는 구질이 많이 발생한다.

그립 시 오른손에 힘을 빼기 위해 오른손 엄지와 검지에 힘을 뺀 그립의 습관이 된 잘못된 그립. 느슨한 그립에서 스윙을 하면 헤드가 일관성 없게 흔들리고 아이언 스윙 시 쓸어 치며 토핑이 나고 오른쪽으로 휘어지는 구질이 많이 발생한다.

그립에 힘을 주려고 오른손 엄지와 검지를 그립에 직접 잡고 힘을 준 그립. 스윙 중 오른손에 힘이 많아지고 다운 시 코킹이 빠르게 풀려 클럽 헤드가 볼에 아웃으로 접근하여 페이스의 안쪽에 임팩트되며 뒤땅이나 토핑을 동반하며 구질은 일관성이 떨어진다.

2) 적절한 그립의 어드레스

어드레스에서 V홈은 임팩트에서 페이스의 방향과 직결되는데 스윙 시 V홈의 방향은 각 스윙에 따라 조금씩 달라진다. 왜냐하면 임팩트에서 ① 그립의 V홈, ② 다운 시 허리의 움직임이 동시에 맞아야 하기 때문이다. 스윙 중 허리 턴이 빠른 골퍼는 V홈이 오른 방향으로 스윙 중 허리 턴이 느린 골퍼는 왼쪽으로 방향이 조금씩 교정되어야 좋은 임팩트와 구질을 얻게 된다.

그립 시 오른손과 왼손의 V홈은 오른 귀와 오른쪽 어깨의 사이를 향하게 잡고, 오른손 엄지와 검지는 약간은 단단히, 그리고 전체적인 그립의 압력은 50~60% 정도로 잡는 것이 적절하다.

적절한 인으로 접근한다

백스윙 시 오른쪽 팔꿈치가 몸을 향하며 톱이 되면 다운 시 다시 오른쪽 팔꿈치가 오른 옆구리를 스치고 내려오기 쉬워 클럽 헤드는 볼에 적절한 인으로 접근한다.

6. 잘못된 어깨 방향의 어드레스 교정

어드레스에서 어깨의 방향은 백스윙에서 궤도를 업라이트 또는 플랫하게 만들고 어깨 턴을 크게 또는 적게 하여 다운스윙에서 클럽 헤드가 볼에 다운 또는 어퍼블로 접근하게 하는 중요한 역할을 한다.

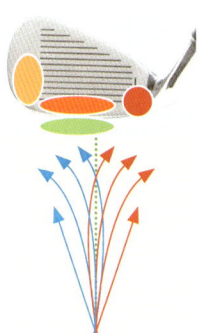

1) 잘못된 어깨 방향의 어드레스의 원인과 교정(아이언&드라이버)

볼이 왼발 쪽에 있어 볼 뒤에 클럽 헤드를 대면 어깨가 열려 어드레스되고 척추 각이 세워지면 어깨가 오픈된다. 어깨가 오픈된 자세에서 백스윙하면 업라이트한 톱이 되어 다운 시 찍어 치기 쉬워진다. 또한 클럽이 볼에 아웃-인으로 접근하기 쉬워 페이스의 안쪽에 임팩트가 쉬워지며 뒤땅이 나기도 하고 구질의 일관성이 떨어진다.

어드레스에서 척추 각을 지나치게 크게 하거나 오픈된 어깨의 교정을 오래 하게 되면 과도하게 닫혀 어깨는 타깃 오른쪽을 향한다. 백스윙을 하면 심한 인으로 플랫하게 백스윙 되어 톱에서 샤프트가 오른쪽을 향하게 되고 따라서 쓸어 치는 스윙이 되며 페이스 바깥에 임팩트되며 뒤땅과 토핑을 동반하게 되며 구질의 일관성이 떨어진다.

2) 적절한 어깨 방향의 어드레스

적절한 어깨의 방향은 타깃을 향해야 하고 백스윙과 다운스윙의 궤도를 결정하는 중요한 요인이 되므로 자주 점검하고 습관화하면 쉽게 좋은 임팩트와 구질을 만들 수 있다.

어드레스에서 어깨에 클럽을 대고 고개를 돌려 보면 타깃의 약간 왼쪽을 향한다.

왼팔은 오른쪽 어깨를 가린다

약간은 플랫하게 백스윙되어 왼팔이 오른쪽 어깨에 이르는 톱을 만들게 되고, 클럽에 따라 적절히 쓸어 치거나 찍어 치는 스윙이 된다.

7. 잘못된 스탠스 방향의 어드레스 교정

어드레스의 스탠스 방향은 백스윙에서 몸통을 느슨하거나 단단하게 하여 어깨 턴의 크고 적음에 영향을 미치고, 마찬가지로 다운스윙에서도 허리 턴을 빠르게 하거나 느리게 하는 중요한 역할을 한다.

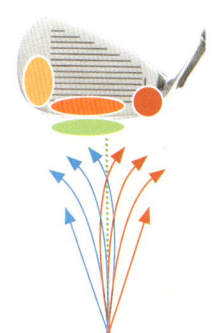

1) 잘못된 스탠스 방향의 어드레스의 원인과 교정(아이언&드라이버)

오픈된 스탠스가 다운 시 허리 턴을 좋게 한다고 해서 교정을 계속하면 점점 심하게 열려 슬라이스가 나며 왼쪽 방향으로 서면 습관적인 오픈 스탠스가 된다. 백스윙하면 어깨 턴이 줄어들어 업라이트한 톱이 되어 다운 시 찍어 치고 클럽이 볼에 아웃-인으로 접근하기 쉬워 페이스 안쪽에 임팩트되며 구질의 일관성이 떨어진다.

다운 시 허리 턴이 지나치게 빨라 허리 턴을 느리게 하기 위해 클로즈 스탠스를 취한 뒤 교정을 계속하면 훅이 나며, 오른쪽 방향으로 서면 습관적인 클로즈 스탠스가 된다. 백스윙이 인으로 올라가고 다운 시 허리 턴이 느려져 손으로 스윙이 되기 쉬워 페이스의 바깥에 임팩트되고 뒤땅이나 토핑을 동반하며 구질의 일관성이 떨어진다.

2) 적절한 스탠스 방향의 어드레스

스탠스나 어깨의 방향을 이용하여 페이드나 드로우를 구사하는 테크닉 샷을 할 때 적절히 활용하면 더욱 재미있는 골프를 즐길 수 있다.

어드레스에서 스탠스의 방향은 왼발의 열림에 의해 타깃에 조금 오픈되는 것이 적절하다.

적절한 스탠스의 방향은 어깨 턴을 적절히 하고 왼팔이 오른쪽 어깨에 일치하는 톱을 만들게 되며 따라서 다운 시 클럽에 따라 적절히 찍어 치거나 쓸어 치는 스윙이 된다.

8. 잘못된 척추와 손목의 어드레스의 교정(백)

어드레스 시 척추와 손목의 각은 스윙 궤도와 손목의 움직임을 결정한다. 척추 각이 세워지면 플랫한 스윙의 궤도가, 척추 각이 숙여지면 업라이트한 궤도가 자연스럽게 형성되므로 클럽에 따라 척추 각을 조금씩 다르게 해야 한다.

잘못된 척추와 손목의 어드레스의 원인과 교정

클럽이 긴 드라이버 어드레스의 척추와 손목 각이 작은 습관이 아이언으로 연결된 자세

손목의 각이 작아 코킹이 제대로 되지 않고, 척추 각이 작아 약간 플랫한 톱이 되어 다운 시 쓸어 치기 쉬워 뒤땅이나 토핑이 나며 구질의 일관성이 떨어진다.

드라이버보다 클럽이 짧은 아이언의 어드레스는 척추와 손목의 각이 드라이버보다 많아진다.

적절한 척추에 의해 드라이버보다 약간은 업라이트한 백스윙과 톱이 되어 손목의 코킹이 쉬워지며 다운 시 자연스럽게 찍어 치는 스윙이 된다.

9. 잘못된 몸과 손의 간격의 어드레스의 교정

어드레스 시 손의 위치는 스윙 중 몸통의 일체감과 관련된다. 손이 몸과 가까우면 스윙 중 일체감이 있어 방향성과 일관성이 좋아지는 반면 팔이 몸통의 방해를 받아 스피드가 떨어지며, 팔이 몸과 멀어지면 스윙 중 일체감은 떨어지는 대신 팔이 자유로워 몸통과 팔의 스피드가 늘어 비거리가 좋아진다.

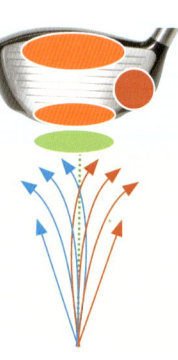

잘못된 몸과 손의 간격의 어드레스의 원인과 교정

드라이버 어드레스가 습관이 되어 아이언 어드레스에서 몸과 손의 간격이 넓어지면 양쪽 겨드랑이가 많이 떨어진다.

다운 시 손이 몸에 붙으면서 스윙되기 쉬워 페이스의 바깥쪽에 임팩트되어 토핑이 나며 구질의 일관성이 떨어진다.

아이언은 방향과 관련 있으므로 몸과 팔의 일체감이 필요하다. 손이 몸에 가까이 위치하면 양쪽 겨드랑이가 적절히 붙는다.

스윙 시 몸과 팔의 일체감이 좋아져 방향성과 함께 일관성이 좋아진다.

10. 어깨 턴이 작은 톱의 교정

1) 어깨 턴이 적은 톱의 원인과 스윙 시 일어나는 현상(아이언&드라이버)

백스윙 시 어깨 턴이 작아지는 원인은 ① 어드레스에서 허리를 고정하고 백스윙을 하면 몸이 경직되어 어깨 턴이 적어지고 ② 손이나 팔로만 백스윙을 해서이며 ④ 백스윙 시 허리가 스웨이 되기 때문이다.

어깨 턴이 작아지면 업라이트한 톱이 되어 손을 많이 사용하는 스윙이 된다.

백스윙을 손과 팔로 해서 톱에서 어깨 턴이 작으면 다운스윙 시 다시 손과 팔로 다운되어 볼에 아웃-인으로 접근하여 페이스의 안쪽에 임팩트되기 쉽고 토핑과 뒤땅이 나며 구질의 일관성이 떨어진다.

업라이트한 톱에서 다운을 시작하면 상체가 타깃으로 나가기 쉽고 따라서 허리 턴이 어려워 클럽이 볼에 아웃으로 접근하기 쉬워 페이스의 안쪽에 임팩트되며 뒤땅이 나고 구질의 일관성이 떨어진다.

2) 톱에서 적절한 어깨 턴은(아이언 & 드라이버)

톱에서 적절한 어깨 턴의 크기는 클럽에 따라 조금씩 달라질 수도 있는데 사이드, 어퍼블로의 타법과 비거리가 필요한 드라이버 티샷의 경우 골퍼의 체형에 따라 110~130도, 다운블로의 타법과 방향성이 필요한 아이언의 경우 100~120도의 어깨 턴이 적절하다.

톱에서 어깨 턴은 약 100~130도 정도가 적절하다. 그래야 몸의 꼬임이 충분하여 헤드 스피드가 빨라지며 어깨 턴이 충분한 톱에서 다운이 시작되면 클럽 헤드가 볼에 인에서 접근하기 쉬워진다. 또한 몸통의 턴으로 백스윙이 되었으므로 스윙 중 그만큼 팔과 손을 적게 사용하게 되어 일관성까지 좋아진다.

3) 어깨 턴이 작은 톱을 위한 교정(아이언 & 드라이버)

● 허리를 잡지 않고 어깨 턴을 하자.
● 손목의 코킹보다 어깨 턴으로 백스윙을 시작하자.
● 머리가 오른쪽으로 이동되며 백스윙을 하자.
● 허리를 돌리며 어깨 턴을, 그리고 왼발 뒤꿈치를 들며 어깨 턴을 해 보자.

더 자세한 어깨 턴이 적은 톱의 교정은 〈앞 드라이버의 어깨 턴이 적은 톱의 교정〉을 참조하고, 백스윙 시 왼쪽 어깨를 밀거나 오른쪽 어깨를 당겨 보자. 백스윙 시작은 어깨 턴이 잘못된 이론과 유연하지 못한 체형으로 습관화되었다면 직접 어깨 턴을 해 보자. 어깨 턴이 습관이 되어 생각보다 어렵다면 오른쪽 어깨를 충분히 당기거나 왼쪽 어깨를 확실히 밀어 보자.

그런데 갑자기 어깨 턴이 커지면 스윙의 리듬이 달라지므로 처음에는 토핑이 날 수도 있으나 곧 거리와 함께 방향성과 일관성을 얻을 수 있다.

허리 힘을 빼고 왼쪽 어깨를 오른발까지 충분히 밀면서 코킹을 하면 왼쪽 어깨 턴에 의해 오른쪽 어깨가 뒤로 턴 된다. 오른쪽 어깨를 뒤로 돌리면서 코킹을 해도 백스윙이 이루어진다.

어깨 턴의 의해 오른쪽 허리도 뒤로 턴 되며 적절한 톱이 완성된 다음 바로 하체로 다운을 시작한다.

11. 손목 코킹이 작은 톱의 교정

1) 손목 코킹이 적은 톱의 원인과 스윙 시 일어나는 현상(아이언&드라이버)

백스윙 시 ① 그립의 압력이 과도하게 강하고 ② 팜그립에 가깝고 ③ 위크 그립이거나 ④ 어드레스에서 척추 각이 적거나 팔의 접힘이 강해지면 손목 코킹이 어려워진다.

손목 코킹이 적은 톱이 되면 손목에 힘이 많이 들어가며 다운 시 손목 코킹이 빠르게 풀리게 된다.

톱에서 손목의 코킹이 작으면 생기는 현상은 손목에 힘이 많이 들어가 다운 시 손목 코킹이 빠르게 풀려 비거리가 떨어지고 페이스 안쪽에 임팩트되고 뒤땅이나 토핑이 동반되기 쉽다. 따라서 구질 또한 나빠진다.

코킹이 먼저 풀려 체중 이동과 허리 턴이 어려워 손으로 하는 스윙이 되어 클럽이 볼에 아웃으로 접근하기 쉬워 페이스의 안쪽에 임팩트되고 뒤땅과 토핑이 나며 구질의 일관성이 떨어진다.

2) 톱에서 적절한 손목의 코킹(아이언 & 드라이버)

스윙 중 주동력이 다운 시 허리 턴이라면 보조 동력은 손목이다. 백스윙에서 손목 코킹이 잘되면 다운 시 코킹을 자연스럽게 유지할 수 있어 허리와 함께 최대로 클럽 헤드를 가속시킬 수 있으므로 비거리를 충분히 낼 수 있다. 하지만 손목의 사용이 많아 일관성이 떨어진다.

톱에서 손목의 코킹은 약 90~95도 정도가 적절하다. 그래야만 톱에서 손목의 힘이 빠지고 다운 시 손목의 코킹이 유지되어 클럽 헤드가 떨어져 헤드 스피드가 빨라지며 볼에 클럽 헤드가 인에서 접근하기 쉬워진다.

3) 손목 코킹이 적은 톱을 위한 교정(아이언 & 드라이버)

핑거 그립으로 스윙해 보자

퍼팅의 그립과 같이 손바닥으로 그립을 많이 잡아 스윙 중 손목의 움직임이 적어지면 방향은 좋아지겠지만 손목에 힘이 지나치게 많이 들어가고 비거리가 크게 떨어져 문제가 된다.

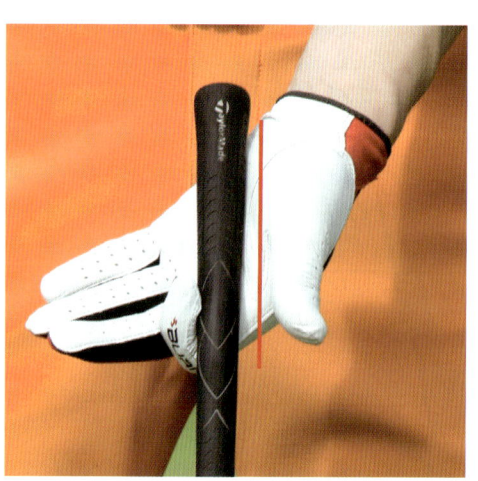

팜그립은 클럽의 그립을 손바닥으로 비스듬히 잡는다. 팜그립으로 백스윙하면 손목 코킹이 제한되어 코킹이 줄어들므로 비거리가 짧아지고 임팩트가 나빠진다.

핑거 & 팜그립은 사진과 같이 클럽을 비스듬히 검지 둘째 마디에서 새끼손가락 바로 위로 가로지르며 잡는다. 그러면 스윙 시 손목의 사용이 적절해져 코킹도, 손목의 힘도 적당해진다. 따라서 비거리와 함께 정확성을 얻을 수 있게 된다.

스트롱 그립으로 스윙해 보자

위크 그립을 잡으면 오른손을 왼쪽으로 밀어 오른손 엄지와 검지에 힘이 많이 들어가게 된다. 따라서 스윙 중 손목의 움직임이 적어지며 다운스윙 시 어깨가 덮이기 쉬워 구질이 나빠지고 비거리가 떨어진다.

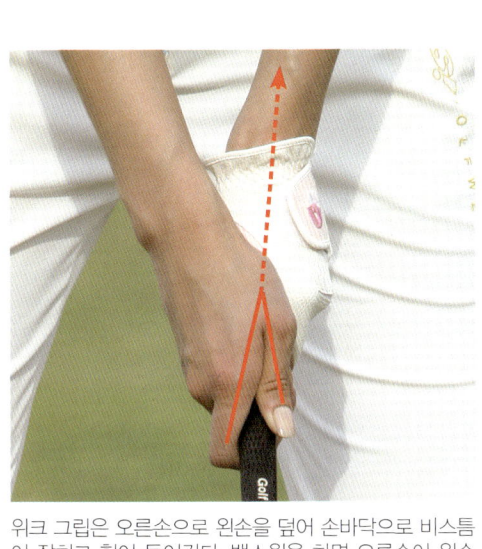

위크 그립은 오른손으로 왼손을 덮어 손바닥으로 비스듬이 잡히고 힘이 들어간다. 백스윙을 하면 오른손이 왼손을 덮어 코킹이 어려워지고 손목에 힘이 많아져 손목 코킹이 제한되어 코킹이 작아지므로 비거리가 짧아지고 임팩트가 나빠진다.

코킹이 어렵다

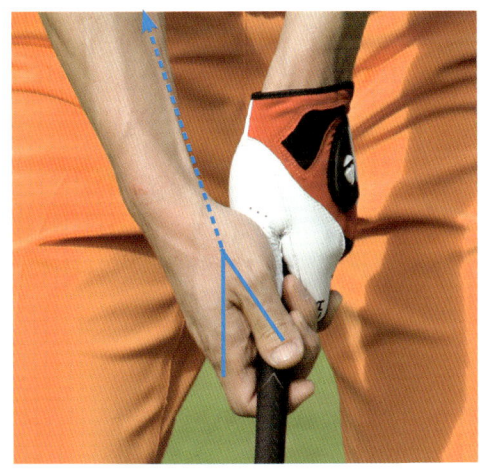

V홈이 오른쪽 귀와 어깨를 가리키면 오른손에 힘이 빠져 스윙 시 손목의 사용이 적절해져 코킹과 손목의 힘이 적절해진다. 그러나 허리 턴이 느린 골퍼는 훅이 발생할 수 있으므로 스윙 중 허리 턴을 잊지 말아야 한다.

코킹이 쉽다

적절한 손목의 각을 만들자

어드레스에서 손목의 각이 적으면 손목에 힘이 많이 들어가고 따라서 톱에서 손목 코킹이 작아지며 다운 시 손목 코킹이 빠르게 풀리기 쉬워 비거리가 떨어지고 임팩트 존이 나빠져 구질 또한 나빠진다.

어드레스에서 허리가 아프다고 지나치게 세우면 척추와 손목의 각이 펴진다.

손목의 각이 작아 코킹이 잘되지 않고, 척추의 각이 작아 약간은 플랫한 톱이 되어 다운 시 쓸어 치기 쉬워진다.

클럽이 짧을수록 척추와 손목의 각이 더 커져야 손목에 힘이 빠져 손목 코킹이 쉬워진다.

적절한 손목 각에 의해 코킹이 쉬워져 다운 시 클럽에 따라 자연스럽게 쓸어지거나 찍어 치는 스윙이 된다.

베이스 그립으로 코킹을 느껴 보자

손목에 힘이 많아 백스윙 시 코킹이 어려워 임팩트가 나쁘다면 먼저 그립의 압력을 줄이고 베이스 그립으로 바꾸면 백스윙 시 손목의 코킹과 다운 시 손목 턴이 쉬워진다. 코킹과 턴이 쉬워지고 느낌이 확실해지면 다시 예전 그립으로 바꾸어 적응시킨다.

코킹이 쉽다

일반적으로 힘이 약한 골퍼가 하면 좋은 그립이다. 열 손가락으로 잡으므로 힘이 없어도 백스윙을 쉽게 할 수 있고 손목 코킹이 쉬워진다.

백스윙 시 힘이 좋고, 두 손이 분리되어 있어 손목 코킹이 쉬우며. 다운 시 손목의 회전이 좋아져 거리를 낼 수도 있다. 그러나 손목 턴이 빨라져 임팩트 존이 짧아져 일관성이 떨어진다.

얼리 코킹으로 백스윙해 보자

얼리 코킹이란 백스윙에서 평상시보다 손목의 코킹을 조금 더 빠르게 하는 것을 말하는데 손목 코킹이 빨라지면 충분한 코킹을 만들 수 있다.

어드레스에서 손목의 코킹으로만 백스윙한다. 이때 약간은 인으로 꺾어 주고 어깨는 딸려 돈다.

계속하여 손목으로 꺾으며 코킹으로 백스윙한다. 이때 어깨는 따라 돈다.

계속하여 손목의 코킹으로 꺾으며 팔을 접고 백스윙한다. 이때 어깨는 따라 돈다.

쟁반 들기로 코킹을 느껴 보자

오랜 습관으로 인해 손목 코킹이 어렵다면 일명 웨이트 접시 받치기와 같이 책으로 해 보면 백스윙 시 올바른 손목의 움직임을 느낄 수 있어 꾸준한 연습을 통해 좋은 스윙으로 거듭날 수 있게 된다.

어드레스에서 오른손바닥에 책을 받치고 준비한다.

계속하여 손목의 코킹으로 꺾으며 백스윙한다. 이때 어깨는 따라 돌고 책이 떨어져서는 안 된다.

이렇게 한손으로 연습하여 익힌 뒤에 두 손으로 그립하고 오른손 바닥의 느낌을 살려 백스윙한다.

계속하여 손목의 코킹으로 꺾으며 톱을 만든다. 이때 어깨는 따라 돌고 책이 떨어져서는 안 된다. 또한 오른손바닥은 하늘을 향한다.

오버 스윙하는 느낌으로 톱을 만들어 보자

톱에 손목 코킹이 적은 이유 중 한 가지는 정확성을 위해 손목을 제한하여 손목 코킹이 지나치게 작아진 경우라면 약간은 오버 스윙하는 느낌으로 톱에서 샤프트를 약 45도로 세우지 말고 지면과 수평 또는 약간은 더 아래로 기울여 약간은 오버 스윙하는 느낌으로 백스윙하면 손목의 코킹은 좋아진다.

그립을 부드럽게 잡고 톱에서 오버 스윙이 된다고 생각하고 클럽 헤드를 등뒤로 보낸다. 그러면 손목의 코킹을 더할 수 있으면서 오버 스윙은 되지 않는다. 강한 습관에 의해 조금씩 더 손목은 꺾일 것이다.

오른손을 당기며 코킹을 해 보자

백스윙에서 손목 코킹을 조금 더 쉽게 하려면 어깨 턴을 하면서 오른손 엄지와 검지로 오른쪽 어깨 쪽으로 헤드를 끌어 올리면 코킹이 쉬워진다.

그립을 하고 어드레스 상태에서 어깨 턴을 하며 왼팔을 펴고 왼손을 축으로 오른손 엄지와 검지를 단단히 잡고 헤드를 위로 올라가게 당기면 손목이 꺾이며 오른팔이 살짝 접히며 코킹이 만들어진다.

왼손을 밀며 코킹을 해 보자

백스윙에서 어깨 턴을 이용하여 왼손 소지와 약지, 중지로 그립 뒤쪽을 밀어 주면 손목 코킹이 되며 오른쪽 어깨 쪽으로 샤프트가 올라간다.

그립을 하고 어드레스 상태에서 어깨 턴을 하며 왼팔을 펴고 왼손을 축으로 오른손 엄지와 검지를 단단히 잡고 헤드를 위로 올라가게 당기면 손목이 꺾이며 오른팔이 살짝 접히며 코킹이 만들어진다.

왼손은 밀고 오른손을 당기며 코킹해 보자

백스윙에서 어깨 턴을 하며 왼손 소지·약지·중지로 그립 뒤쪽을 밀며 오른손 엄지와 검지를 잡고 당기면 코킹되며 오른쪽 어깨 쪽으로 샤프트가 올라간다. 이때 베이스 그립으로 밀고 당기면 코킹이 자연스럽다.

그립을 하고 어드레스 상태에서 어깨 턴을 하며 왼팔을 펴서 밀어 주고 오른손 엄지와 검지를 단단히 잡고 당겨 주면 밀고 당기는 힘에 의해 보다 쉽게 손목이 코킹되며 헤드를 쉽게 위로 올리게 된다.

12. 허리가 스웨이된 톱의 교정

1) 허리가 스웨이된 톱의 원인과 스윙 시 일어나는 현상(아이언&드라이버)

톱에서 허리가 스웨이되면 어깨 턴이 적어지고 다운스윙 시 왼발로의 체중 이동이 느려지고 상체 움직임이 많아져 클럽 헤드가 볼에 아웃으로 접근하기 쉬워 임팩트와 비거리, 구질이 나빠진다.

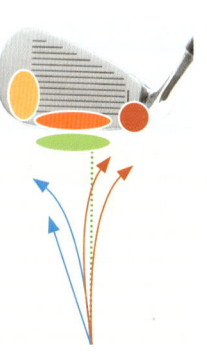

스웨이 톱이 되는 원인은 ① 척추의 각이 나쁜 어드레스와 ② 거리를 내려고 과도하게 오른발로 체중을 옮겨서이며 ③ 허리의 움직임이 잘못 되어서이고 ④ 머리를 지나치게 고정해서이며 ⑤ 팔로만 백스윙 해 어깨 턴이 작아서이다.

허리가 스웨이된 톱이 되면 다운 시 왼발로 체중의 이동이 어렵고 반대로 상체가 타깃으로 움직이기 쉽다.

다운 시 상체가 타깃으로 나가면 허리 턴이 어려워 클럽이 볼에 아웃-인으로 접근하기 쉬워 페이스의 안쪽에 임팩트 되고 뒤땅과 토핑이 나고 구질의 일관성이 떨어진다.

182

2) 톱에서 적절한 허리의 움직임

스윙 중 허리는 매우 중요한 역할을 하는데 그 이유는 백스윙 시 허리의 움직임은 어깨가 턴을 할 때 어깨를 경직시키지 말아야 하고 축의 올바른 꼬임과 탄성을 유도하며 다운 시 스윙 중 최대의 동력을 발휘하는 역할을 하기 때문이다.

톱에서 허리의 움직임은 백스윙 시 옆으로 밀리는 것이 아니라 어깨 턴에 따라 돌아야 꼬임이 충분하고 다운 시 하체의 움직임을 빠르게 하여 자연스런 스윙이 되며 헤드가 인에서 접근하기 쉬워진다.

3) 허리가 스웨이된 톱의 교정(아이언 & 드라이버)

척추의 적절한 각을 만들자

어드레스의 척추 각은 드라이버 6~8도, 아이언 2~6도이다.

백스윙 시 머리를 고정하지 말고 살짝 오른쪽으로 따라가며 어깨를 턴하면 허리가 스웨이되지 않고 턴 된다.

백스윙을 허리와 어깨 턴으로 하자

몸의 유연성이 떨어져 어깨 턴이 작고 스웨이가 심한 골퍼는 테이크 백을 시작할 때 어깨와 허리를 같이 턴한다.

어깨와 허리를 동시에 돌리면 어깨 턴도 커지고 허리도 밀리지 않아 다운 시 하체의 턴이 빨라지고 비거리도 보장받는다.

머리를 이동하며 손보다 어깨 턴을 충분히 하자

스윙 중 허리가 스웨이 되면 볼을 쓸어 치기 쉬우며 클럽 헤드가 볼에 아웃에서 접근하기 쉬워 구질과 일관성까지 나빠지므로 백스윙 시 허리의 스웨이는 골퍼의 가장 큰 적이라 할 수 있다.

백스윙 시 체중 이동을 하체로 하지 말고 머리의 절반 정도 오른쪽으로 상체의 무게로 이동하며, 손보다 어깨로 턴하면 자연스럽게 허리는 스웨이되지 않고 어깨를 따라 턴 된다.

습관이 심해 교정이 어려운 골퍼는 눈으로 직접 확인해야 느낌이 빨라진다. 어드레스를 하고 오른쪽 허리에 원골프 레슨 셋을 설치한다.

백스윙을 하면 어드레스 때의 오른쪽 공간과 톱에서의 공간이 같아야 한다. 만약 교정 기구를 건드리면 스웨이되었다고 판단하고 닿지 않도록 신경쓴다.

13. 업라이트한 톱의 교정

1) 업라이트한 톱의 원인과 스윙 시 일어나는 현상(아이언&드라이버)

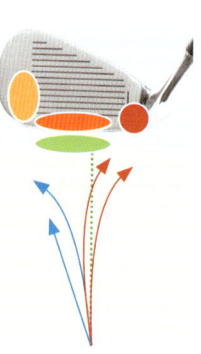

톱이 업라이트해지면 팔이 높아 중력이 커져 볼에 떨어지는 힘이 강해져 다운블로가 쉽게 이루어지고 다운 시 하체의 턴이 느리면 볼에 아웃으로 접근하기 쉬워 페이스의 안쪽에 임팩트되며 뒤땅이 많이 나고 구질의 일관성이 떨어진다.

업라이트한 톱이 되는 원인은 ① 백스윙 시 손목 코킹이 지나치게 빨리 이루어짐 ② 오른손 그립이 위크 그립임 ③ 어드레스 시 척추의 각이 작음 ④ 백스윙 시 클럽 헤드를 지나치게 아웃으로 뺌 ⑤ 어드레스 시 어깨나 스탠스가 열림 ⑥ 팔로만 백스윙해 어깨 턴이 지나치게 작음 등이다. 또한 업라이트한 톱이 좋다는 생각도 한 원인이다.

높은 톱에서 다운을 시작하면 중력에 의해 클럽 헤드가 볼에 쉽게 떨어져 다운블로는 쉬워지지만 허리 턴보다 손이 많이 쓰이는 스윙이 되기 쉬워 클럽이 볼에 아웃-인으로 접근하여 페이스의 안쪽에 임팩트가 되며 뒤땅이 나며 구질의 일관성이 떨어진다.

2) 톱에서 적절한 클럽의 위치

톱에서 클럽의 높이는 왼팔을 기준으로 하는데, 자신의 오른쪽 어깨를 가리는 정도가 적절하다. 골퍼마다 팔 길이가 달라 오른팔의 구부림은 규정하기 어렵고, 왼팔의 높이는 일정한 위치를 제공하여 일정한 샷을 가능하게 한다.

톱에서 왼팔이 오른쪽 어깨를 가로질러야 다운에서 적절한 중력을 이용해 하체 턴으로 다운하면 자연스럽게 볼에 헤드가 적절한 인으로 접근하여 일관된 임팩트와 좋은 구질이 발생한다.

3) 업라이트한 톱의 교정

- 어깨 턴으로 백스윙하자.
- 척추의 적절한 각을 만들자.
- 적절한 어깨와 스탠스를 만들자.
- 스트롱 그립으로 스윙하자.

어드레스에서 오른쪽 겨드랑이를 살짝 조이며 준비한다.

테이크 백을 할 때 약간은 오른쪽 겨드랑이를 조이며 어깨 턴으로 백스윙을 하고 손목의 코킹으로 백스윙을 완성한다.

더 자세한 업라이트한 톱의 교정은 〈앞 드라이버의 업라이트한 톱의 교정〉을 참조하고 오른쪽 겨드랑이를 조이며 백스윙해 보자.

백스윙에서 오른쪽 겨드랑이를 조이면 톱에서도 오른쪽 겨드랑이가 조여져 적절한 톱이 만들어지므로 다운 시 클럽에 따라 쓸어 치거나 찍어 치는 스윙이 된다.

14. 플랫한 톱의 교정

1) 플랫한 톱의 원인과 스윙 시 일어나는 현상(아이언&드라이버)

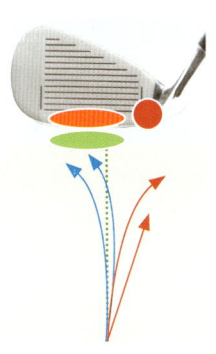

톱이 플랫해지면 팔이 낮아 중력보다 허리 턴으로 스윙해야 하므로 헤드가 떨어지는 힘이 약해 쓸어 치는 사이드블로가 이루어지므로 볼에 인으로 접근하기 쉬워 뒤땅이나 토핑이 쉽게 나며 구질의 일관성이 떨어진다.

플랫한 톱의 원인은 ① 과도한 스트롱 그립 ② 어드레스 시 척추의 각이 큼 ③ 백스윙 시 클럽 헤드를 지나치게 인으로 뺌 ④ 어드레스 시 어깨나 스탠스가 닫힘 ⑤ 백스윙 시 오른쪽 겨드랑이를 지나치게 조임 등이다.

낮은 톱에서 다운을 시작하면 중력보다 근육의 힘으로 스윙이 쉽다. 그래서 클럽이 볼에 심한 인으로 접근해 페이스의 바깥쪽에 임팩트되고 뒤땅과 토핑이 나기도 하고 구질은 일관성이 떨어진다.

2) 톱에서 적절한 클럽의 위치

톱에서 클럽의 높이는 왼팔을 기준으로 하는데, 자신의 오른쪽 어깨를 가리는 정도가 적절하다. 골퍼마다 팔 길이가 달라 오른팔의 구부림은 규정하기 어렵고, 왼팔의 높이는 일정한 위치를 제공하여 일정한 샷을 가능하게 한다.

톱에서 왼팔이 오른쪽 어깨를 가로질러야 다운에서 적절한 중력을 이용하여 하체 턴으로 다운하면 자연스럽게 볼에 헤드가 적절한 인으로 접근하여 일관된 임팩트와 좋은 구질이 발생한다.

3) 플랫한 톱의 교정

척추의 적절한 각을 만들자

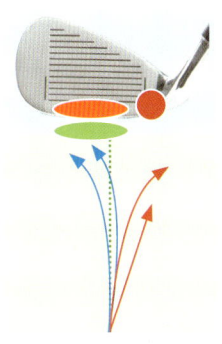

완만하다

어드레스 시 척추 각이 지나치게 크면 백스윙에서 클럽 헤드가 인으로 빠져 플랫한 톱을 만들기 쉬워 다운 시 클럽이 볼에 심한 인으로 접근되어 뒤땅과 토핑이 나기도 한다.

가파르다

드라이버 척추 각은 6~8도, 아이언은 2~6도가 적절하다. 기울어진 어드레스에서 백스윙하면 왼팔이 오른쪽 어깨에 자연스럽게 이르는 톱이 되어 다운 시 자연스럽게 클럽에 따라 쓸어 치거나 찍어 친다.

머리를 중심으로 원을 그리며 백스윙해 보자

테이크 백을 과도하게 인으로 빼면 플랫한 톱을 만들어 다운 시 클럽이 볼에 인으로 접근하기 쉬워 뒤땅과 토핑이 나기도 한다.

적절한 인으로 빠진다

클럽 헤드는 허리를 지나고 왼팔은 오른쪽 어깨를 가로지르는 적절한 톱의 위치로 올라간다. 따라서 다운 시 클럽에 따라 쓸어 치거나 찍어 치는 스윙이 된다.

적절한 어깨와 스탠스를 만들자

완만하게 백스윙된다

어깨나 스탠스가 지나치게 닫힌 자세에서 백스윙하면 클럽 헤드가 인으로 빠져 플랫한 톱을 만들기 쉬워 다운 시 클럽이 볼에 심한 인으로 접근하여 뒤땅과 토핑이 난다.

약간은 가파르게 백스윙된다

어드레스에서 어깨와 스탠스는 타깃을 향한다. 적절한 백스윙되어 왼팔이 오른쪽 어깨에 이르는 톱을 만들게 되어 클럽에 따라 쓸어 치거나 찍어 치는 스윙이 된다.

습관에 의해 어색하고 어려우면 스탠스에 클럽을 놓고 숙달시킨다. 어깨는 스탠스에 맞추어 어드레스한다.

오른쪽 겨드랑이를 풀어 주며 백스윙해 보자

플랫한 톱은 오른쪽 팔꿈치가 낮은 위치에 있는 것으로, 다운 시 클럽이 볼에 인-아웃으로 접근하기 쉬워 뒤땅과 토핑이 나며, 심하면 생크가 난다.

테이크 백을 할 때 약간은 오른쪽 겨드랑이를 풀어 주며 (몸에서 떨어뜨리며) 어깨 턴으로 백스윙을 하고 손목의 코킹으로 백스윙을 완성한다.

백스윙에서 오른쪽 겨드랑이를 풀어 주면 톱에서도 오른쪽 겨드랑이가 풀려 적절한 톱이 만들어지고 다운 시 클럽에 따라 쓸어 치거나 찍어 치는 스윙이 된다.

손목의 코킹으로 백스윙해 보자

플랫한 톱을 강조하다 보면 지나치게 플랫한 톱이 만들어지기도 한다. 결국 클럽이 긴 드라이버는 어깨 턴과 손목 코킹으로, 아이언은 어깨 턴 다음에 바로 손목 코킹으로 백스윙해야 원하는 톱을 만들 수 있다.

하프백을 어깨 턴으로만 하게 되면 클럽 헤드가 과도하게 인으로 올라가 플랫한 톱이 되기 쉽다.

테이크 백을 어깨 턴과 바로 손목의 코킹으로 시작하면 클럽 헤드가 적절히 들리며 빠진다.

어깨 턴과 손목의 코킹으로 클럽 헤드가 바닥에서 들리며 팔의 접힘으로 적절한 톱이 완성되면 다운 시 클럽에 따라 쓸어 치거나 찍어 치는 스윙이 된다.

15. 클럽 샤프트가 왼쪽을 향한 톱의 교정

1) 클럽 샤프트가 왼쪽을 향한 톱의 원인과 스윙 시 일어나는 현상(아이언&드라이버)

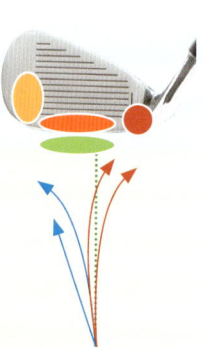

샤프트가 톱에서 왼쪽을 향하면 다운스윙에서 발생하는 원심력의 방향과 스피드에 의해 클럽 헤드는 볼에 아웃으로 접근하게 되어 페이스 안쪽에 임팩트되고 뒤땅이 쉽게 나며 구질의 일관성이 떨어진다.

샤프트가 왼쪽을 향한 톱이 되는 원인은 ① 워크 그립을 잡고 백스윙한 손목 턴에 의해. ② 백스윙 시 어깨 턴이 작아서. ③ 오른쪽 팔꿈치를 지나치게 조여서이다.

샤프트가 왼쪽을 향한 톱에서 다운을 시작하면 하체의 원심력에 의해 클럽 헤드가 볼에 아웃에서 접근하기 쉽다.

볼에 아웃으로 접근하며 허리 턴보다 상체가 타깃으로 나가기 쉬워 볼에 아웃으로 페이스 안쪽이 임팩트되고 뒤땅이 나고 구질의 일관성이 떨어진다.

2) 톱에서 적절한 샤프트의 방향

톱의 샤프트 방향은 타깃을 향해야 다운 시 하체 턴의 원심력에 의해 클럽 헤드가 볼에 스퀘어로 접근하고 클럽에 따라 쓸어 치거나 찍어 치는 스윙이 된다. 왼쪽을 향하면 다운 시 원심력에 의해 볼에 아웃으로 접근하여 찍어 치며, 오른쪽을 향하면 다운 시 원심력에 의해 지나치게 인으로 접근한다.

2) 샤프트가 왼쪽을 향하는 톱의 교정

- 스트롱 그립 잡고 스윙해 보자.
- 손보다 어깨 턴으로 백스윙을 시작해 보자.

〈드라이버의 샤프트가 왼쪽으로 향한 톱의 교정〉 참조.

16. 클럽 샤프트가 오른쪽을 향한 톱의 교정

1) 클럽 샤프트가 오른쪽을 향한 톱의 원인과 스윙 시 일어나는 현상(아이언&드라이버)

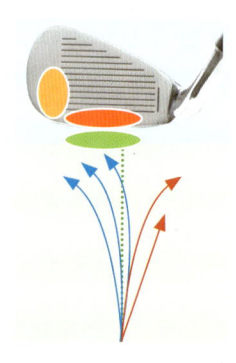

샤프트가 톱에서 오른쪽을 향하면 다운스윙에서 발생하는 원심력의 방향과 스피드에 의해 클럽 헤드는 볼에 인으로 접근하여 페이스 아래와 바깥쪽에 임팩트되며, 뒤땅이 나고, 구질의 일관성이 떨어진다.

샤프트가 지나치게 오른쪽을 향한 톱이 되는 원인은 크게 ① 과도한 인으로의 백스윙, ② 오른쪽 팔꿈치의 빠짐 이 두 가지라고 볼 수 있다.

샤프트가 오른쪽을 향한 톱에서 다운을 시작하면 하체의 원심력에 의해 클럽 헤드가 볼에 인에서 접근하기 쉽다.

클럽이 볼에 인-아웃으로 접근하기 쉬워 뒤땅과 토핑이 나기도 하고 구질의 일관성이 떨어진다.

2) 톱에서 적절한 샤프트의 방향

톱에서 샤프트 방향은 타깃을 향해야 다운 시 하체 턴의 원심력에 의해 클럽 헤드가 볼에 스퀘어로 접근하고 클럽에 따라 쓸어 치거나 찍어 치는 스윙이 된다. 왼쪽을 향하면 다운 시 원심력에 의해 볼에 아웃으로 접근하고 찍어 치며, 오른쪽을 향하면 다운 시 원심력에 의해 지나치게 인으로 접근한다.

톱에서 샤프트 방향은 타깃을 향해야 다운 시 하체 턴의 원심력에 의해 클럽 헤드가 볼에 스퀘어로 접근하고 클럽에 따라 쓸어 치거나 찍어 치는 스윙이 된다.

3) 샤프트가 오른쪽을 향하는 톱의 교정

머리를 중심으로 원을 그리며 백스윙해 보자

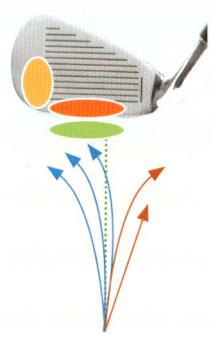

머리를 축(중심)으로 클럽 헤드를 돌려보면 클럽 헤드가 과도하게 인으로 빠지는 것이 아니라 약간 인으로 올라간다. 클럽 헤드는 허리를 지나고 왼팔은 오른쪽 어깨를 가로지르며 톱에서 샤프트는 타깃을 향한다.

머리를 축으로 클럽의 헤드로 원을 그리려면 백스윙을 어깨 턴과 리듬에 맞추어 손목의 코킹으로 원을 완성시킨다. 따라서 다운 시 클럽에 따라 쓸어 치거나 찍어 치는 스윙이 된다.

클럽 헤드를 등뒤로 향한다고 생각하고 백스윙해 보자

백스윙에서 클럽 샤프트를 등뒤로 보낸다고 생각하면서 백스윙하면 샤프트가 타깃을 보기 쉽게 되고, 백스윙에서 손목의 코킹을 정확히 하면 자연스럽게 좋은 톱이 된다.

어드레스에서 어깨 턴과 손목의 코킹으로 샤프트를 오른쪽 어깨로 올린다.

어깨 턴과 손목의 코킹으로 클럽의 헤드를 등뒤로 보낸다고 생각한다.

톱에서 샤프트는 타깃을 향하고, 다운을 해 보면 클럽이 볼에 적절한 인으로 접근하기 쉬워진다.

17. 머리가 타깃으로 나가는 다운의 전환 교정

1) 머리가 타깃으로 나가는 원인과 스윙 시 일어나는 현상

다운에서 타깃으로 머리가 나가면 머리와 가장 가까운 어깨가 타깃으로 따라 나가면서 손과 팔이 볼에 아웃에서 접근하여 페이스 안쪽에 임팩트되고 뒤땅이 나고 구질의 일관성이 떨어진다.

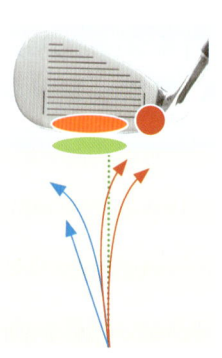

다운 시 머리가 타깃으로 나가며 다운의 전환이 되는 원인은 크게 ① 어드레스 시 척추 각이 적거나 ② 어드레스 시 왼발에 체중이 많거나 ③ 어깨 턴이 적거나 ④ 스웨이가 된 톱이 되거나 ⑤ 척추 각이 적은 톱이 되거나 ⑥ 다운을 어깨로 시작해서 이고 ⑦ 다운 시 왼쪽 겨드랑이를 지나치게 조이기 때문이다.

다운 시 머리가 타깃으로 움직이면 어깨가 덮여 클럽 헤드가 볼에 아웃에서 접근하기 쉽다.

볼에 아웃으로 접근하며 허리 턴보다 상체가 타깃으로 나가기 쉬워 찍어 치며 페이스의 안쪽에 임팩트되고 뒤땅이 나고 구질의 일관성이 떨어진다.

202

2) 적절한 다운의 전환

백스윙은 어깨-손-팔, 다운스윙은 발-다리-허리로 시작한다. 이렇게 다운을 하체로 시작하면 스윙 중 많은 근육을 사용하므로 비거리가 향상된다. 그리고 다운을 하체로 시작하면 상체가 타깃으로 나가지 않아 좋은 임팩트 존의 궤도에 의해 방향이 좋아진다.

3) 머리가 타깃으로 나가는 다운의 전환의 교정

- 척추의 각을 만들자.
- 정확한 허리의 움직임 만들자.
- 왼쪽 겨드랑이를 풀어 주며 스윙하자.
- 어깨 턴을 만들자.
- 다운의 전환을 하체로 시작하자.
- 팔로우에서 손목 턴을 하자.

〈앞 드라이버의 머리가 타깃으로 나가는 다운의 전환 교정〉 참조

18. 다운 시 체중 이동이 안 되는 교정

1) 체중 이동이 안 되는 다운의 전환의 원인과 스윙 시 일어나는 현상

다운시 체중 이동이 느리면 상체로 스윙하게 되어 헤드가 볼에 아웃으로 접근하게 되어 페이스 안쪽에 임팩트되고 뒤땅, 토핑이 쉽게 나며 구질이 나빠진다.

다운의 전환을 하체로 하기 어려운 원인은 ① 스탠스가 지나치게 넓거나 ② 어드레스에서 척주의 각이 크거나 ③ 백스윙에서 체중을 지나치게 오른발로 옮기거나 ④ 백스윙 시 지나치게 스웨이가 되거나 ⑤ 톱에서 손으로 볼을 때리려고 하거나 ⑥ 다운 시 허리가 그 자리에서 돌아서 ⑦ 볼을 높이 띄워 올리려고 하기 때문이다.

다운 시 왼발로 체중 이동이 느려지면 머리가 타깃으로 움직여 어깨가 덮여 클럽 헤드가 볼에 아웃에서 접근하기 쉽다.

볼에 아웃으로 접근하며 허리 턴보다 상체가 타깃으로 나가기 쉬워 찍어 치며 토핑이나 뒤땅이 나며 구질의 일관성이 떨어진다.

2) 적절한 다운의 전환

다운의 전환은 스윙 중 가장 중요한 순간인 만큼 가장 어려운 기술이라고도 할 수 있는데 전체적으로 이야기해 보면 백스윙은 어깨-손-팔로 시작되고 다운은 발-다리-허리로 시작해야 하므로 기술적으로 어려워진다. 이렇게 다운을 다리와 허리로 시작하면 스윙 중 많은 근육을 사용하게 되어 비거리가 향상된다.

다운을 다리와 허리로 시작하면 스윙 중 많은 근육을 사용하게 되어 비거리가 향상된다.

3) 체중 이동이 안 되는 다운의 전환의 교정

어드레스에서 왼발에 체중을 더 싣고 스윙하자

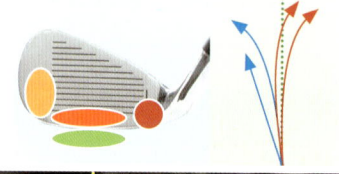

볼을 띄우려고 오른발에 체중을 두면 다운 시 왼발로 체중 이동이 어려워 임팩트가 나빠진다.

정확히 임팩트하려면 볼을 찍어 쳐야 하는데 어드레스에서 체중을 미리 왼발에 60~70% 정도 싣고 스윙하면 된다.

치핑과 피칭으로 느껴 보자

치핑과 피칭을 연습하면 왼발에 체중을 많이 싣고 볼을 찍어 주는 느낌을 확실히 할 수 있어 어프로치도 익히고 볼을 다운블로 하는 메커니즘을 느낄 수 있다.

스탠스 좁히고 스윙해 보자

어드레스에서 스탠스의 폭이 넓으면 다운 시 체중의 이동보다 허리 턴이 쉬워지고 폭이 좁으면 허리 턴보다 왼발로 체중 이동이 쉬워지므로 스탠스를 지금보다 좁히는 것만으로도 교정할 수 있다.

올바른 허리의 움직임을 만들어 보자

백스윙 시 스웨이가 되면 다운 시 왼발로 체중의 이동이 느려지므로 백스윙 시 올바른 허리의 움직임을 만든다. 백스윙 시 허리는 오른쪽으로 밀리는 것이 아니라 어깨 턴에 의해 딸려 돌아야 한다. 다운 시 빠르게 왼발로 체중이 옮겨져 좋은 임팩트를 만들 수 있다.

볼을 보며 다운 시 오른발을 들어 보자

톱에서 다운을 시작할 때 미리 오른발 오른쪽 옆을 들어 주면 임팩트 이전에 체중이 왼발로 이동되어 좋은 임팩트를 만들 수 있다.

비비탄을 쳐내 보자

볼 앞에 동전이나 흰 종이 또는 비비탄을 놓고 볼과 함께 같이 쳐 내는 연습해 보면 볼과 비비탄을 동시에 임팩트하기 위해 왼발로 체중의 이동이 빨라진다.

볼과 티를 쳐내 보자

볼을 티 뒤에 놓고 볼과 함께 티를 같이 쳐내는 연습해 보면 볼과 티를 동시에 임팩트하기 위해 왼발로 체중의 이동이 빨라진다.

두 발 모으고 스윙해 보자

어드레스에서 두 발을 모으고 스윙해 보면 스탠스의 폭이 좁아 다운 시 체중의 이동이 쉬워진다. 이때 두 발을 이용해 스윙할 수 있어 다운 시 하체의 움직임을 만들 수 있다.

다운스윙 시 오른발의 3단계를 해 보자

다운스윙 시 빠르게 왼발로 체중을 옮기고 허리를 돌리는 교정을 3단계로 나누어 한 단계씩 숙달해 나가면 교정이 훨씬 쉬워진다.

1단계 다운 시 오른발 바깥쪽을 들어 준다.

2단계 다운 시 오른발 바깥쪽 들며 왼발 쪽으로 1cm 이상 당기며 임팩트한다.

3단계 하체 턴을 위해 다운 시 오른발을 당기며 돌린다.

다운 시 허리를 타깃으로 밀어 보자

다운 시 허리 턴을 지나치게 의식하여 체중 이동이 되기 전에 왼쪽 허리가 열리면 체중 이동이 느려지므로 톱에서 다운을 시작할 때 허리가 타깃 쪽으로 수평 이동한다고 생각하고 임팩트 이전에 왼쪽의 의자에 허리를 닫는다고 생각하고 옆으로 밀어 주면 자연스럽게 체중 이동이 된다.

낮은 탄도의 구질을 만들어 보자

다운 시 체중 이동이 어려운 골퍼는 타깃 아래쪽에 볼을 맞춘다는 생각으로 매우 낮게 볼을 치는 이미지를 가지고 임팩트하면 자연스럽게 체중 이동이 빨라지고 피니시를 낮게 하므로 좋은 임팩트를 만들 수 있다.

임팩트 이후 타깃으로 걸어가 보자

어드레스할 때 피니시를 취하고 이후 바로 오른발을 들고 옆으로 타깃 쪽으로 걸어간다고 생각하고 실제로 피니시 1초 뒤에 한 발 걸어 나가는 연습을 하면 체중 이동이 빨라져 임팩트가 좋아진다. 이때 볼을 보며 옆으로 걸어가야 한다. 피니시에서 타깃으로 걸어간다는 마음만으로도 다운 시 체중 이동이 빨라진다.

볼 뒤에 헤드 커버를 놓고 스윙해 보자

볼 50cm 뒤와 헤드 궤도 약간 안쪽에 볼 또는 헤드 커버를 놓고 백스윙과 다운 시 이를 건드리지 않고 연습하면 다운블로로 임팩트되어 교정된다. 그러나 지나치게 볼과 가까이 놓거나 딱딱한 종류의 물건을 놓으면 부담이 되어 더 어려워진다. 볼 뒤에 뭔가 있는 분위기를 연출하는 것으로도 체중 이동 효과를 높이게 된다.

무조건 교정되는 곡괭이 찍기 3단계를 해 보자

1단계 : 곡괭이 찍기 1

어드레스에서 왼발에 체중을 싣고 볼을 오른발에 바깥에 놓고 몸을 볼 쪽으로 45도 돌리고 그립을 곡괭이처럼 잡는다.

앞의 어드레스에서 손목으로 바로 꺾어 올린다. 이때 체중은 왼발에 100% 위치해 있다.

볼은 임팩트만큼 낮게 타깃으로 날아간다. 이때 바닥에 지나치게 깊이 찍히지 않도록 조심한다.

손목을 풀어 직접 볼을 찍어 준다.

2단계 : 곡괭이 찍기 2

왼발에 체중을 싣고 볼을 오른발에 끝에 놓고 핸드 퍼스트로 그립을 잡고 어드레스한다.

앞의 어드레스에서 손목으로 바로 꺾어 올린다. 이때 체중은 왼발에 100% 위치해 있다.

손으로 볼을 찍어 준다.

볼은 찍는 임팩트만큼 낮게 타깃으로 날아간다. 그리고 1단계보다 볼은 조금 더 높이 뜨고 더 멀리 가며 클럽이 타깃으로 빠져나간다. 조금 깊이 찍히므로 조심한다.

3단계 : 곡괭이 찍기 3

이러한 단계를 숙지하면서 연습을 충분히 하면 정상적인 어드레스로 스윙해 보면 어느새 다운 시 왼발로 체중 이동은 쉽게 이루어진다.

왼발에 체중을 싣고 볼을 오른발에 안쪽에 놓고 핸드 퍼스트로 그립을 잡고 어드레스한다.

앞의 어드레스에서 손목으로 바로 꺾어 올려 톱까지 올린다. 이때 체중은 왼발에 100% 위치해 있다.

손으로 볼을 찍어 준다.

볼은 찍는 임팩트만큼 낮게 타깃으로 날아간다. 그리고 2단계보다 볼은 조금 더 높이 뜨고 더 멀리 가며 클럽이 타깃으로 빠져나가 낮게 피니시된다.

19. 왼쪽 팔꿈치가 구부러지고 손목 턴이 느린 팔로우 교정

1) 왼쪽 팔꿈치가 구부러지고 손목 턴이 느린 팔로우의 원인과 스윙 시 일어나는 현상

다운 시 왼쪽 겨드랑이를 지나치게 조이면 비거리가 떨어지고, 과도하게 왼팔을 당기며 구부러짐으로써 상체가 타깃으로 나가기 쉬워 볼을 쓸며 임팩트하고 페이스 안쪽이나 아래, 바깥쪽에 임팩트되고 구질의 일관성이 떨어진다.

다운에서 왼쪽 겨드랑이가 조어지며 구부러지는 원인은 ① 어드레스에서 척추를 세워 왼쪽 겨드랑이를 지나치게 붙이거나 ② 어드레스에서 왼팔과 손에 힘이 너무 많거나 ③ 다운 시 일체감을 위해 왼쪽 겨드랑이를 지나치게 조였기 때문이다.

다운 시 왼쪽 겨드랑이를 지나치게 조이며 구부러지는 스윙을 하면 조이는 힘에 의해 오른쪽 어깨를 당기게 되고 오른쪽 어깨는 다시 머리를 타깃으로 당겨 헤드가 볼에 아웃으로 접근한다.

클럽 헤드가 볼에 아웃으로 접근하며 페이스의 안, 바깥쪽에 임팩트되고 허리 턴보다 상체가 타깃으로 나가 토핑이 나며 오른쪽으로 휘어지는 구질이 발생한다.

2) 팔로우에서 적절한 왼팔의 움직임

일관성과 정확성을 요구하는 아이언은 양 겨드랑이의 적당한 조임을 느끼는 스윙이 효과적이고, 비거리를 내야 하는 드라이버는 양 겨드랑이가 어느 정도 자유로워야 한다. 또한 왼팔은 펴지며 손목 턴이 이루어지고 접히기 시작한다. 몸통으로도 충분한 거리를 내야 하지만, 손목 턴으로 인해 모자라는 비거리를 충당해야 하므로 몸과 팔을 약간 자유롭게 하기 위해 두 팔을 뻗어 준다. 그러면 상체가 타깃으로 나가지 않아 좋은 임팩트 존의 궤도에 의해 방향도 좋아진다.

3) 왼쪽 팔꿈치를 구부리고 손목 턴이 느린 팔로우의 교정

더 자세한 왼쪽 팔꿈치를 구부리고 손목 턴이 느린 팔로우의 교정은 '앞 드라이버의 교정 중 왼쪽 겨드랑이를 조이는 팔로우의 교정과 손목 턴이 안 되는 팔로우의 교정을 참조'하고 아래의 움직임을 이해하면 조금 더 쉬운 왼팔의 움직임을 이해할 수 있다.

클럽을 거꾸로 왼손으로만 잡고 백스윙하여 톱을 만들고 다운한다.

접었던 팔을 밑으로 내리며 풀어 주고 손목 턴으로 클럽 헤드를 타깃으로 빼낸다. 이때 팔은 펴지며 왼쪽 겨드랑이가 몸에서 완전히 떨어진다.

왼쪽 겨드랑이는 완전히 떨어지며 손목 턴의 가속에 의해 왼팔은 다시 접히며 클럽 샤프트는 자연스럽게 피니시된다.

골프 레슨은 맞다 틀렸다를 따지는 것이 아니라 골프를 쉽고 재미있게 가르치고자 하는 것이다.

원골프는 가장 먼저 임팩트를 좋게 하기 위해 스윙을 만들고, 구질과 일관성을 좋게 하기 위해 스윙을 만들며, 비거리를 내기 위해 스윙을 만들어 나간다. 원골프 레슨을 통해 볼의 감각을 제대로 느끼며 실전에서 적용할 수 있는 가장 간단한 실질적인 스윙을 만들게 될 것이다.

스윙에 있어서 가장 중요한 것은 임팩트이다. 스윙으로 임팩트하든, 때려서 임팩트하든, 쓸어서 임팩트하든, 찍어서 임팩트하든 임팩트만 제대로 해 주면 볼은 멀리 똑바로 날아간다.
골프의 성공 요인은 임팩트를 얼마나 쉽게, 간단하게 느끼느냐에 달려 있다. 따라서 임팩트가 좋으면 구질은 저절로 따라오며 스윙을 위한 스윙이 아닌 볼의 감각을 느끼며 실전에서 적응되는 가장 간단한 스윙을 만들어 나가게 할 것이다.